Mitologia giapponese

Tra mostri, spiriti e potenti divinità. Un viaggio tra i miti e le leggende dell'antico Giappone

JIM BARROW

Copyright © 2022 – JIM BARROW

Tutti i diritti riservati.

Questo documento è orientato a fornire informazioni esatte e affidabili in merito all'argomento e alla questione trattati. La pubblicazione viene venduta con l'idea che l'editore non è tenuto a fornire servizi di contabilità, ufficialmente autorizzati o altrimenti qualificati. Se è necessaria una consulenza, legale o professionale, dovrebbe essere ordinato un individuo praticato nella professione.

Non è in alcun modo legale riprodurre, duplicare o trasmettere qualsiasi parte di questo documento in formato elettronico o cartaceo. La registrazione di questa pubblicazione è severamente vietata e non è consentita la memorizzazione di questo documento se non con l'autorizzazione scritta dell'editore. Tutti i diritti riservati.

Le informazioni fornite nel presente documento sono dichiarate veritiere e coerenti, in quanto qualsiasi responsabilità, in termini di disattenzione o altro, da qualsiasi uso o abuso di qualsiasi politica, processo o direzione contenuta all'interno è responsabilità solitaria e assoluta del lettore destinatario. In nessun caso qualsiasi responsabilità legale o colpa verrà presa nei confronti dell'editore per qualsiasi riparazione, danno o perdita monetaria dovuta alle informazioni qui contenute, direttamente o indirettamente.

Le informazioni qui contenute sono fornite esclusivamente a scopo informativo e sono universali. La presentazione delle informazioni è senza contratto né alcun tipo di garanzia. I marchi utilizzati all'interno di questo libro sono meramente a scopo di chiarimento e sono di proprietà dei proprietari stessi, non affiliati al presente documento.

Per ringraziarti dell'acquisto, in regalo per te un ulteriore eBook: **"IL PICCOLO ATLANTE DELLE DIVINITÀ: Dalla mitologia greca al cristianesimo, una panoramica sulle più famose divinità del mondo"**

Scannerizza il seguente QR code per avere accesso immediato al tuo contenuto gratuito:

Oppure copia il seguente link sul browser:
https://jimbarrow21.subscribemenow.com/

INDICE

Introduzione 7

Capitolo 1 – La *(breve)* storia del Giappone alla scoperta della mitologia 10

   Il Giappone tra shintoismo e buddhismo 18

Capitolo 2 – Le fonti letterarie e la cosmogonia giapponese: l'origine del mondo 23

   I testi antichi 24

   I racconti della creazione – Il sacrificio di una Madre e la promessa di Mizuhame, la Principessa d'Argilla 28

Capitolo 3 – I miti giapponesi: la vendetta di Izanagi e l'egemonia di *Yomotsu-o-Kami* 33

   Approfondimento: Euridice e Izanami a confronto 37

Capitolo 4 - I riti di purificazione di Izanagi 40

   L'esilio di Amaterasu e l'inganno di Omoikane 42

Capitolo 5 - Il viaggio di Susanoo nello Yomi 48

   Le vicende di Okuninushi e degli ottanta fratelli 50

   Le prove di Okuninushi e la discesa nello Yomi 54

   Il regno del Signore del Grande Paese 59

Capitolo 6 – La conquista del Grande Paese 62

Capitolo 7 – Il governo dei Kami del Cielo 67

Capitolo 8 - I protagonisti della mitologia giapponese 76

   Glossario 76

Capitolo 9 – Gli Ainu: la religione della popolazione indigena del Giappone 88

Conclusioni e considerazioni finali sulle prospettive future della mitologia giapponese 94

Nota dell'autore 96

Introduzione

Tra grattacieli mozzafiato e avveniristici panorami urbani avvolti dalle luci al neon dei *kombini* aperti a notte fonda, Tokyo è una metropoli in costante trasformazione. Una destinazione da cartolina, affascinante e moderna, meta obbligata per i fan della cultura pop, dei manga e dei videogiochi. Tra le strade – *dicevo* – impregnate dall'odore della pioggia e dal chiacchiericcio dei giovani studenti stretti in un bar di Ponto-chō è possibile tutt'oggi cogliere la presenza di forme intangibili, di esseri misteriosi e di personaggi millenari. Lo sguardo della mitologia nipponica veglia sul tran-tran urbano delle megalopoli giapponesi, preservando il ricordo di tempi lontani. Kyoto, Osaka, Hairaizumi, Tokyo e la regione di Shikoku sono sì luoghi straordinari e suggestivi – meta di milioni di turisti annuali armati di macchine fotografiche al collo e cappellino di paglia per proteggersi dal caldo sole del Giappone, – ma sono anche aree fantastiche e immaginarie da visitare col potere della mente. È questa la ragione che mi ha spinto a sedermi alla scrivania – tazza di thè alla mia sinistra e qualche dépliant museale recuperato dal mio ultimo viaggio nel Paese del Sol Levante alla mia destra – per dare il via a un progetto editoriale *sui generis*: un viaggio letterario oltre il visibile, oltre l'estetica moderna e grintosa degli alti palazzi nipponici.

Perché la verità è che le tradizioni d'Oriente esercitano su noi occidentali un fascino irrazionale e magnetico. Sebbene distanti anni luce dall'emotività e dalla dolcezza culturale del Giappone, ci siamo nutriti per lunghi anni di eroi nipponici proiettati sul grande schermo, di videogiochi adrenalinici e di *anime* a puntate di fama mondiale – basti pensare ai *Pokemon* o all'incredibile card-game di *Yu-Gi-Oh*, - senza dimenticare gli eventi di *cosplaying* italiani (e non solo) che vivacizzano le piazze del Bel Paese. Ora, la domanda sorge spontanea: quali sono le peculiarità culturali che rendono l'universo nipponico tanto desiderabile ai nostri occhi? La proverbiale gentilezza dei Giapponesi, oppure la loro gustosa tradizione culinaria? L'insieme degli stereotipi sul mondo dei samurai, oppure quel rispetto per la Natura che si mescola alle logiche produttive estremamente dannose per i polmoni verdi del territorio? Inutile negarlo: il Giappone è una destinazione controversa. Le lamiere dei grattacieli che riflettono la luce del sole convivono col legno color vermiglio dei vecchi templi shintoisti e buddhisti, mentre il mindset dello *Shinrin-Yoku* dedicato al rispetto delle anime – o per meglio dire, dei demoni – che riposano nelle foreste, si dispiega al fianco delle violente strategie geopolitiche volte alla conquista dei mari ai danni della flora e della fauna locale. In uno scenario tanto dinamico e mutevole, la curiosità degli occidentali per l'Oriente e per i suoi fenomeni culturali è una diretta conseguenza della pluralità ideologica del Giappone: un insieme di usanze che celebra la spiritualità selvaggia della Natura e una lunga lista di innovazioni tecnologiche che rende l'Impero d'Oriente tra i più avanguardisti della contemporaneità.

Mio caro lettore, il libro che stringi tra le mani è un tentativo di conciliare le due anime del Paese del Sol Levante in maniera inedita; non più cercando giustificazioni razionali per ridimensionare le semplificazioni e i preconcetti spesso attribuiti (ingiustamente) al popolo giapponese, bensì per darti il benvenuto nel backstage della cultura nipponica. Il dietro le quinte di Tokyo e dei suoi multietnici quartieri è abitato da mostri e fantasmi, demoni e potenze intangibili che regolano le leggi del cosmo, dell'universo. Li avrai incrociati anche tu, una volta o l'altra: ti avranno sorriso beffardi dal tatuaggio a colori di qualche appassionato di arte nipponica, oppure ti avranno salutato silenziosamente dalla copertina di un manga che hai casualmente stretto tra le mani nella tua libreria di fiducia. Più probabilmente, avranno stuzzicato la tua fantasia nei panni di mostri ed eroi sul *piccolo-grande* schermo. I giapponesi li chiamano *obake*, *mononoke*, *bakemono* o più semplicemente *yokai*: manifestazioni di spiriti sovrannaturali che si mescolano alla banalità della routine quotidiana per vegliare sugli esseri umani, difendere la Natura o possedere oggetti della quotidianità. Le testimonianze originarie dei mostri nipponici saranno protagoniste del Capitolo 1 del libro che stringi tra le mani. Per il momento, ti basti sapere che il folklore giapponese è in costante evoluzione e che, sebbene siano passati millenni dalle prime fonti scritte, i racconti sui Kami confluiscono in una forma di «enciclopedia orale» che ha dell'incredibile; molti personaggi dei manga e degli anime s'ispirano agli *obake* precedenti, così come tante tradizioni nipponiche avvolte da un velo di mistero.

Curioso di saperne di più?

Mi auguro che la lettura del mio nuovo sforzo editoriale sia il punto di partenza da cui scoprire che la lontananza geografica che ci divide dall'Oriente è soltanto *apparente*. Apparente perché dietro le identità benevole e malvagie che regolano l'universo nipponico si nascondono le speranze e le paure squisitamente umane che tutti noi – indipendentemente da sesso, etnia, condizione economica e credo religioso – condividiamo coi nostri simili. Di conseguenza, i nomi, i mostri e le storie mitologiche che a prima vista potrebbero sembrarti nuove e incomprensibili, acquisiranno col tempo una sfumatura di rassicurante familiarità; la stessa provata quando, da bambini, ci coricavamo al letto e prestavamo ascolto alla storia della buonanotte di *Biancaneve* o *Peter Pan* narrata dalla voce dei nostri genitori.

Ti ricordo, infine, che il mio libro non intende esaurire il vasto universo mitologico giapponese; soltanto la categoria degli *yokai* conta più di mille presenze positive e negative, alle quali vanno aggiunte quelle dei demoni e dei mostri della foresta. Non è mia intenzione dilungarmi in informazioni accademiche, descrizioni minuziose e identikit culturali che nulla hanno a che vedere con l'obiettivo del manuale che stringi tra le mani. Preferisco piuttosto condividere con te la mia passione per la cultura nipponica in una veste nuova, divertente e divulgativa.

È giunto il tempo di augurarti una buona permanenza tra le pagine seguenti con una citazione dello scrittore e giornalista Gilbert Keith Chesterton: *"Le favole non dicono ai bambini che i draghi non esistono. Perché i bambini lo sanno già. Le favole dicono ai bambini che i draghi possono essere sconfitti"*. Ho accolto il medesimo intento educativo mentre, seduto alla scrivania o intento a rintracciare un briciolo di ispirazione nel giardino pubblico del mio quartiere, riflettevo sulla maestosità e sulla complessità della mitologia nipponica: *creare un ponte tra Oriente e Occidente per ricordarci che, in fondo in fondo, siamo tutti straordinariamente umani.*

Capitolo 1

La *(breve)* storia del Giappone alla scoperta della mitologia

Mio caro lettore, le informazioni contenute in questo capitolo sono senza dubbio le più complesse e difficili da *"digerire"*. Il motivo è da rintracciare nella natura del tema trattato: *la storia del Giappone*. Per *storia* non mi riferisco tanto agli eventi, ai personaggi e ai leader più o meno discussi del glorioso passato orientale, quanto piuttosto all'insieme di concezioni, culti, riti e simboli arcaici da cui derivano le manifestazioni sovrannaturali degli *yokai*. L'unicità della cultura giapponese è a propria volta inscritta nel termine *shintō* – letteralmente, «*la via dei kami*» - da cui deriva l'enigmatica e misteriosa religione dello *shintoismo*. Tale fenomeno religioso si caratterizza per la sua proverbiale dinamicità e complessità: rappresenta un dialogo continuo tra le forze della ragione e il potere delle emozioni, condizionando non soltanto le manifestazioni della Natura, ma anche la società, la politica, l'estetica e il concetto nipponico di vita e di morte. In altri termini, la componente sovrannaturale del Giappone ha un impatto tangibile sulla quotidianità degli individui e sullo spazio interpersonale in cui essi agiscono.

Nei panni di lettori, di studiosi o di appassionati di storiografia è molto importante fare ordine in quel marasma di mostri, spiriti, personaggi storici e forze spirituali che sorreggono l'universo del Sol Levante. A tal proposito, ci viene in aiuto uno tra i primi saggi sulla storia del Giappone antico, *Shinto in the Gistory of Japanese Religion* di Kuroda; il libro – dato alle stampe nel Regno Unito nel 1981 – funge da spartiacque tra la componente logico-razionale della mentalità nipponica e l'insieme di manifestazioni illogiche e impulsive dello *shinto*.

Per citare le parole dell'autore, *Kuroda Toshio*:

> "La visione dell'uomo comune dello *shintō* include in genere le seguenti ipotesi: lo *shintō* reca le caratteristiche inconfondibili di una **religione primitiva**, compreso il culto della natura e il tabù contro

il *kegare* (impurità), ma non ha un sistema di dottrina; esiste in diverse forme come credenza popolare ma allo stesso tempo possiede alcune caratteristiche della **religione organizzata**, ad esempio rituali e istituzioni come i santuari; inoltre svolge un ruolo importante nell'antica mitologia giapponese e fornisce una base per la <u>venerazione degli antenati e degli imperatori</u>. In breve, lo shintō è visto come la religione indigena del Giappone, che continua in una linea ininterrotta *dalla preistoria fino ad oggi*"

Mio caro lettore, la definizione in questione racchiude in poche righe il senso ultimo dello *shintoismo* e del mindset nipponico: il bilanciamento tra due istanze apparentemente in conflitto tra loro; da un lato la componente primitiva e animistica del credo religioso e, dall'altra, la sfera organizzata e razionale del culto orientale. Dopotutto, lo *shintoismo* è – per dirlo con il sacerdote Yamakage Mothisa: "[una pratica] che non ha fondatori. Non ha dottrine. Non ha precetti o comandamenti. Non ha idoli. Non ha un'organizzazione"[1].

La sua storia documentata risale all'inizio del VI secolo dopo Cristo, lasso temporale in cui il culto dei morti e degli antenati matura nella celebrazione dei famosi *Kami*. Questi ultimi sono divinità, spiriti sacri adorati universalmente anche nelle aree più rurali e desolate del Giappone. Da un punto di vista simbolico, le entità in questione sono estremamente eterogenee: alcune incarnano il potere di alberi, fiori, sassi, monti, foglie e bacche, altre ancora sorreggono la volta celeste o regolano il sopraggiungere delle stagioni. In entrambi i casi, gli esseri umani sono liberi di connettersi ai *Kami* mediante riti, offerte o preghiere silenziose che hanno l'intento di acquietare la rabbia e la negatività degli spiriti superiori. Per riuscire nell'intento, il popolo nipponico presta fede alla verità religiosa custodita nel *Kojiki* – quanto di più simile a un libro sacro sia rinvenibile nella pratica shintoista del Giappone. Il *Kojiki* racchiude al suo interno le storie, le vicende, i conflitti e gli amori degli spiriti della Natura, fornendo una spiegazione mitologica alla cosmologia (la nascita dell'universo), ai mari, alle montagne, alle stagioni e alle manifestazioni naturali al contempo misteriose e un po' magiche. Tuttavia, ricorda che le grandi vicende narrate nel *Kojiki* sono intimamente connesse agli

---

[1] YAMAKAGE M. *The Essence of Shinto. Japan's Spiritual Heart*, New York, Kodansha USA (2006)

accadimenti storici più influenti della storia nipponica. Un esempio? Il concetto di *paradiso* – luogo in cui i Kami dimoravano in tempi di stasi e di pace – erano rappresentati sottoforma di ampie distese marine tenebrose. Col trascorrere dei millenni i due Kami generatori, lo *spirito maschile* Izanagi-no-Mikoto e *quello femminile* Izanami-no-Mikoto, raggiunsero la Terra brandendo le proprie lance dalla punta diamantata e formarono l'agglomerato roccioso al giorno d'oggi conosciuto, per l'appunto, col nome di Giappone. Armati di attrezzi lunghi e affilati, i due Kami gemelli si servirono della materia prima terrestre – acqua e aria, argilla e roccia – per dare vita a piante, fiumi, laghi, catene rocciose e dolci profili collinari. Infine, plasmarono in una notte d'intenso lavoro la celebre Isola Awaji e vi collocarono la loro prima dimora. Al giorno d'oggi, si crede che i Kami originari abitino ancora nelle immediate vicinanze del Santuario Onokoro, meta di pellegrinaggi e viaggi turistici alla scoperta dello shintoismo nipponico.

Il nucleo mitologico della creazione si mescola, inoltre, alle credenze di derivazione agricola che il popolo d'Oriente aveva sviluppato ben prima del VI secolo. I riti collettivi legati alla pratica della semina e del raccolto erano stati importati in Giappone dagli abitanti dell'Asia continentale nel *periodo Jomon* – intorno al 10.000 avanti Cristo – e successivamente maturati dalle tribù locali fino al III secolo dopo Cristo, durante la dinastia Yamato. Passato alla storia col nome di periodo Kofun, quest'ultimo fornì una prima definizione di *kami, ujigami* e spiriti sovrannaturali organizzati per categorie, potere e attitudini. Come se non bastasse, la famiglia degli Yamato accelerò il processo di compenetrazione tra la componente divina della Natura e la natura elitaria della stirpe regnante: l'Imperatore diventò così un surrogato del Kami solare, Amaterasu, nonché garante del culto religioso di Ise. L'influenza buddhista introdotta nel Paese del Sol Levante intorno al 552 dopo Cristo segnò una seconda, rivoluzionaria trasformazione di pensiero: lo *shintō*, fino a quel momento considerato lo standard culturale delle tribù nipponiche, maturò in una vera e propria religione a sé stante – cioè originariamente diversa dalla dottrina del Buddha. Tuttavia, le due espressioni religiose erano destinate ad amalgamarsi in un'unica concezione del mondo: intorno al VII secolo, i Kami diventarono manifestazioni intangibili coinvolte nei cosiddetti cicli naturali del samsara in accordo ai dogmi della tradizione buddhista. Inoltre, il periodo di Nara sancì un'ulteriore svolta culturale, favorendo la creazione di culti ibridi che avrebbero posto le basi del complesso pantheon mitologico del Giappone moderno. Tra le tante trasformazioni sociali e psicologiche correlate alla fusione tra buddhismo e shintoismo, voglio ricondurre la tua attenzione sulla pratica dello *honji suijaku* – le cui prime fonti scritte risalgono al 937. Secondo l'enciclopedia: "[…] nella terminologia religiosa giapponese fa riferimento a una teoria ampiamente accettata fino al periodo Meiki secondo cui le divinità buddhiste indiane scelsero di apparire in Giappone come *Kami* nativi per convertire e salvare più facilmente i giapponesi".

Continuando: "L'uso del paradigma *honji suijaku* non era limitato alla religione - aveva importanti conseguenze per la società in generale, la cultura, l'arte e persino l'economia. Il buddhismo, ad esempio, vietava la pesca, la caccia e l'agricoltura perché comportava l'uccisione di esseri viventi (insetti, talpe e simili nel caso dell'agricoltura), ma il concetto di *honji suijaku* permetteva alle persone di annullare il divieto. Se uno ha pescato per sé stesso, il ragionamento è opportuno, sei stato colpevole e dovresti andare all'inferno. Tuttavia, se la cattura è stata offerta a un *Kami* che era una nota emanazione di un Buddha, il gesto aveva un evidente valore karmico ed era ammissibile".

Di conseguenza, la compenetrazione tra *Kami* e divinità buddhiste riveste un ruolo chiave nella creazione di un orizzonte di pensiero in cui il popolo giapponese sia in grado di tenere fede sia alle regole religiose sia alle proprie naturali propensioni alla crescita finanziaria, bellica e geopolitica. Con l'introduzione dello shintoismo al fianco del buddhismo indiane, venerare un *Kami* significava venerare il Buddha (e viceversa).

Mio caro lettore, ritengo che l'aspetto summenzionato sia importantissimo sia per comprendere il misterioso passato nipponico sia per familiarizzare con la visione del mondo giapponese. Le religioni – quantomeno sul versante occidentale – sono state, e sono tutt'oggi, motivo di conflitti bellici volti ad annientare i miscredenti, gli atei o gli agnostici. I dogmi del Cristianesimo, in particolar modo, hanno lasciato dietro di loro una scia di sangue che pesa sulla coscienza dei popoli europei e offusca i valori di accettazione e rispetto professati dai testi sacri. Nello scenario d'Oriente, tuttavia, lo shintoismo e il buddhismo non soltanto proliferarono in una condizione di tolleranza e di pace, ma si completarono a vicenda per generare una… *religione a misura d'uomo!*

È soltanto in tempi relativamente recenti (il periodo Tokugawa, 1603-1868) che si attraversò una forte crisi di natura religiosa; lo *shintō* e i precetti buddhisti, sebbene contaminati da millenni di interazioni, procedettero lunga una via di apparente diversificazione.

In uno scenario di questo tipo, alcuni pensatori tentarono di ristabilire il purismo della disciplina originaria. Mi riferisco, in particolar modo, alla scuola di pensiero *Kokugaku* – spesso appellata negli scritti del tempo col nome di *Wakagu*, letteralmente *«Studi Nazionali»*. Tra i tanti esponenti della neo-corrente religiosa, spiccò senza dubbio la voce forte e carismatica di Mtoori Norinaga (1730-1801), il quale si adoperò duramente al fine di rendere accessibile a un pubblico via via più esteso alcune fonti classiche scritte in linguaggio oscuro e difficile da decifrare. Gli sforzi letterari di Norinaga confluirono nel *Kojikiden*, un lungo e complesso lavoro interpretativo e filologico sul *Kojiki* di cui ti ho già parlato nelle pagine precedenti. E così, il lascito culturale di Norinaga venne impiegato a distanza di due decenni da Hirata Atsutane (1776-1843) con un intento prevalentemente *xenofobo e nazionalista*: lo shintoismo divenne strumento religioso impiegato per affermare la *presunta* superiorità del comando imperiale precedente, relegando a ruolo di subalterni tutti i dogmi praticati nel territorio nipponico dalle piccole comunità locali di buddhisti e di neoconfuciani. I *wagakusha* – questo il nome dei militanti affascinanti dalle opinioni puriste di Norinaga e Atsutane – elevarono lo studio del giapponese antico a metro di giudizio di adepti e miscredenti; soltanto coloro che accettavano di approfondire le parole originarie del *Kojiki* erano degni di appartenere alla comunità *shintō*. *Mio caro lettore*, ci tengo a precisare che questo ritorno al passato ebbe delle ricadute importantissime anche sull'ecosistema sociale e politico del Giappone ottocentesco. Moltissimi intellettuali chiesero a gran voce il ritorno dell'Impero coloniale – cioè della politica estera aggressiva e guerrafondaia – che aveva consentito al Paese di dominare sui mari e sui territori limitrofi. Non a caso, il 1868 e il conseguente periodo Meiji – letteralmente «Governo illuminato», con a capo l'omonimo 122° Imperatore del Giappone – portò al momentaneo trionfo politico dei nazionalisti e fondamentalisti religiosi. La politica interna dell'Impero venne infatti definita *shinbutsu bunri rei*, con la conseguente ripartizione tra i *Kami* dello *shintō* e le forze spirituali del buddhismo. Tuttavia, l'idea di depurare un dogma religioso, lo shintoismo, contaminato dalle più disparate influenze asiatiche fin dalle primissime fasi di sviluppo era, ovviamente, un'illusione a cui i *wagakusha* si ostinavano a sperare ciecamente e irrazionalmente. E come in tutti i peggiori scenari repressivi, la politica interna dei fondamentalismi portò alla distruzione di monasteri buddhisti, alle persecuzioni etnico-religiose ai danni delle comunità ibride presenti sul territorio, nonché alla proibizione di tutti i culti sincretici di matrice nipponico-induista. Non vennero risparmiate le opere d'arte e i testi antichi che testimoniavano con orgoglio l'armonia che le due religioni avevano facilmente conquistato in passato. Per giunta, interi gruppi di monaci buddhisti (e non solo) vennero spogliati del loro *status* di messaggeri dei *Kami* e ridotti al ruolo di meri funzionari statali, stipendiati dalle casse dello Stato e vincolati al potere imperiale. Ascetici, buddhisti e membri delle comunità ibride vennero perseguitati, condannati, giustiziati in pubblica piazza o nel silenzio delle foreste nipponiche.

La tempesta politica, sociale e culturale del periodo Meiji rappresenta senza dubbio la pagina più nera della storia d'Oriente. L'impiego massiccio della violenza ai danni dei concittadini nipponici può essere considerata, a conti fatti, una forma di soppressione fratricida volta a disgregare le piccole collettività ibride che abitavano nei villaggi di campagna o nelle misere periferie cittadine. Come se non bastasse, la figura dell'Imperatore divenne *conditio sine qua* non del potere temporale del Paese: lo slogan *saisei-itchi* ("*unità di rituale e governo*") chiarisce in maniera auto-evidente lo slancio di accentramento della reggenza giapponese. L'Imperatore era non soltanto l'indiscusso capo del sistema *sociale, finanziario e culturale* dello Stato, ma anche il depositario della Verità con la V maiuscola - quella desunta dal culto dello *shintō* originario. Tutto trovava in lui piena razionalizzazione e sensatezza. Sarà necessario attendere la promulgazione di una costituzione a favore della libertà religiosa affinchè lo *shintoismo* venga ridimensionato, anni più tardi, al ruolo di ogni credo presente sul territorio giapponese. Tuttavia, l'ideologia nazionalista alla base del periodo Meiji – la stessa che prenderà il nome di *tennoismo* – continuò a mietere vittime. Da un lato, vennero istituiti riti e cerimonie a favore dei militari che erano caduti in guerra nel tentativo di proteggere la sacralità della figura imperiale e, dall'altro, l'Imperatore assunse i connotati di un *Kami* in Terra, capace di vegliare sulle azioni dei propri sudditi con l'occhio giudicante e accorto di un dio. Non a caso, il fondamentalismo shintoista alla base delle molteplici trasformazioni della mitologia giapponese dalle origini ai giorni nostri si arricchì dei cosiddetti *kyōha shintō* (letteralmente, "gruppi *shintō* con insegnamenti specifici"), i quali si focalizzavano in particolar modo sulla celebrazione di spiriti della natura collegati al territorio. Sciamani e carismatici guru fecero la loro comparsa tra le piazze dei villaggi nipponici al fine di promulgare la nuova *voce della verità shintoista*, la stessa che era sovvenzionata e promossa (anche finanziariamente) dalla figura dell'Imperatore. Sarà soltanto nel 1945, dopo la fine della Seconda Guerra Mondiale, che l'amministrazione governativa Mc Arthur sancirà la libertà religiosa in tutto il Paese, spogliando lo *shintoismo* del rango di *religione di Stato*. È interessante notare, a tal proposito, che lo *shintō* resterà una costola della politica nipponica per lungo tempo, influenzando silenziosamente le decisioni sociali e finanziarie della superpotenza d'Oriente. In ogni caso, a partire dal 1946 la combinazione tra istituzioni religiose e organi governativi perde progressivamente la sua efficacia: lo shintoismo torna a essere una tra le molteplici religioni nipponiche, mentre la (ri)nascita del nazionalismo procede piuttosto su binari etnici e sociali privi di riferimenti al culto originario. Una cosa è certa: al giorno d'oggi, il Giappone è un mix sapientemente bilanciato di influenze culturali più o meno condizionate, più o meno influenzate dagli accadimenti storici relativi ai tre secoli che vanno dal secondo Settecento fino al termine del conflitto bellico.

Tuttavia, non cadere nell'errore di credere che la funzione dello *shintoismo classico* – lo stesso che, in passato, si era nutrito pacificamente delle influenze buddhiste e confuciane – fosse inizialmente asservito alle logiche politiche. La mitologia originaria (dal VI secolo in poi) è, in accordo alle parole dello storico Yoshie Akio, un tentativo di stabilire i valori dell'identità nazionale giapponese. In altri termini, il corpus mitologico di partenza non era altro che un tentativo sofisticato e organizzato di ribadire la divergenza tra il Giappone e la vicina potenza cinese, la quale "minacciava" di sconfinare culturalmente nel Paese del Sol Levante. In altri termini:

> "Di fronte agli altri stati dell'Asia orientale che avevano assimilato il confucianesimo e il buddhismo, la monarchia giapponese seppe modificare, nella misura del possibile dall'interno, la sua rappresentazione del potere, per farlo quadrare con gli ideali del buddhismo e quelli del confucianesimo. Ora, queste correnti di pensiero, già molto sofisticate, erano poco adatte alla società arcaica perché, ciascuno a suo modo,

esacerbavano l'opposizione fra valori negativi e valori positivi. […] La monarchia in effetti disponeva di un sistema di valori molto rudimentale nel confronto con i modi del pensiero cinese. Era stata obbligata a dotarsi di una morale più ferma che potesse armonizzarsi con le ideologie venute dall'esterno. La monarchia iniziò a liberare i miti dal loro contenuto negativo e, per fare ciò, concepì una sfera divina improntata di **felicità, di serenità, di purezza**. Alla fine del VII secolo, i miti erano dunque costruiti su un sistema di valori assoluti. E poiché la società opponeva una certa resistenza all'acquisizione di questo nuovo sistema di valori, <u>la mitologia prese un carattere pedagogico</u>. Grazie agli sforzi dispiegati dalle divinità, antenate della dinastia imperiale, il mondo dell'Alta Pianura Celeste aveva finalmente potuto conoscere la serenità e la purezza assolute. È al termine di un lungo conflitto che le divinità celesti avevano avuto la meglio sulle divinità apportatrici della contaminazione e dell'impurità. Del resto, se il mito rintracciava le difficoltà della monarchia di Yamato a imporsi sugli altri potentati regionali, le forniva al contempo un obiettivo *legittimante* e dunque *unificatore*[2]".

Yoshie Akio ci fornisce un ritratto limpido e dettagliato della mitologia nipponica delle origini. Quest'ultima ha l'obiettivo di <u>insegnare, legittimare e unificare</u> l'Impero giapponese indipendentemente dalle influenze asiatiche della vicina Cina. Ed è in uno scenario di questo tipo che noi occidentali siamo chiamati ad approfondire il microcosmo di miti, spiriti sovrannaturali e mostri intangibili desunti dal pantheon nipponico; ricordando cioè che la mitologia è molto più di una storiella di fantasia raccontata da un cantore annoiato. La mitologia è piuttosto **un'enciclopedia umana** che contribuisce alla creazione dell'identità nazionale di un popolo. Un'identità nazionale che, anni più tardi, gli adepti di Norinaga e Atsutane (gli *wagakusha*) avrebbero trasformato in un'arma di distruzione contro quella stessa pluralità e diversità religiosa che aveva contribuito alla nascita del Giappone in tempi remoti.

---

[2] YOSHIE A. *Éviter la souillure. Le processus de civilisation dans le Japon ancien*, "Annales HSS"

Uno scherzo del destino, non trovi anche tu?

Insomma, io amo ricordare lo shintoismo originario come quell'insieme di non-regole, non-dogmi e non-precetti che ci ha regalato uno tra i più suggestivi e affascinanti *pantheon* mitologici del passato. E credo che sia proprio questo il *mindset* migliore per godere dell'incredibile cultura nipponica, dimenticando almeno momentaneamente la strumentalizzazione del credo religioso in tempi recenti.

Con questa riflessione, ti lascio al mio paragrafo riassuntivo relativo alle informazioni *must-know* sulla storia del Giappone!

Il Giappone tra shintoismo e buddhismo

Mio caro lettore, compiamo un salto temporale nel passato: quali sono le fonti, i *testi antichi* che hanno rivestito un ruolo di prim'ordine nella definizione del pantheon nipponico? E soprattutto, qual è stata – e qual è tutt'oggi – la religione predominante nel Paese del Sol Levante? Trovare risposta a queste domande significa scavare in un passato denso, oscuro; la tradizione d'Oriente è caratterizzata, infatti, da una sua sostanziale imperscrutabilità. Un po' perché la popolazione giapponese è solita vivere la propria spiritualità in forma privata, affidandosi ai culti pubblici soltanto in occasioni di feste e celebrazioni tradizionali, un po' perché la fusione tra Shintoismo e Buddhismo è stata tale da rendere i due dogmi pressoché irriconoscibili. Di conseguenza, qui di seguito trovi un riassunto chiaro e coinciso delle due discipline nipponiche prevalenti affinchè le informazioni storico-culturali giunte fino a noi siano il punto di partenza da cui apprezzare con occhi nuovi il complesso sistema mitologico del Giappone.

Cominciamo!

Le origini dello **Shintoismo** risalgono presumibilmente al *periodo Jomon* (3000-2000 avanti Cristo). Traducibile letteralmente in *«Via degli dei»*, il culto nipponico si distingue dalle discipline orientali per la sua forte componente animista e politeista, nonché fluida e priva dei rigidi dogmi che noi occidentali abbiamo mutuato dal Cristianesimo. L'assenza di testi sacri comporta la rapida diffusione di figure intermediarie tra l'uomo e la divinità: i sacerdoti shintoisti – chiamati *kannushi* o *shinshoku* – sono solitamente i tutori di un santuario. A tal proposito, ti ricordo che la visita dei luoghi sacri intitolati ai *Kami* della Natura ricopre un ruolo estremamente importante nella routine quotidiana dei giapponesi. Niente a che vedere, dunque, con le celebrazioni domenicali del Cristianesimo; i templi sono luoghi di calma, di riflessione e di comunione liberamente accessibili a chiunque (turisti inclusi) voglia avvicinarsi alla pratica dello Shintoismo. Tuttavia, non cadere nell'errore di credere che gli spazi di culto siano avvolti esclusivamente da una quiete meditativa; in occasione di riti e feste tradizionali, non è raro imbattersi in danze, performance teatrali e (tanta) musica dal vivo turbolenta e un po' caotica. Per comprendere il significato simbolico dei santuari, possiamo inoltre fare affidamento sulle ricerche di John K. Nelson, il quale esplorò in lungo e in largo le ampie distese urbane e rurali d'Oriente per comprendere il «segreto dei santuari». In che modo luoghi tanto tradizionalisti, antichi e oscuri potevano esercitare un'enorme influenza su una popolazione abituata alla modernità, alla rumorosità delle megalopoli e alla rapida diffusione di una mentalità industriale e produttiva? Nelson constatò che i santuari shintoisti – anche detti *jinja* – erano pressoché impossibili da catalogare: oltre 100.000 luoghi di culto pubblici in tutto il Giappone a cui si sommano anche gli spazi di preghiera ricavati in case private, nel mezzo delle foreste o in prossimità delle cime montuose del Paese. Non a caso, la presenza massiccia dei templi *shintō* trova riscontro nella routine quotidiana del popolo nipponico: passeggiando tra le vie di Tokyo non è raro imbattersi di tanto in tanto in miniature dei *torii* – i portali di accesso ai luoghi di culto dello Shintoismo. Le riproduzioni lignee dipinte a mano in giallo ocra o in rosso vermiglio intendono testimoniare la presenza silenziosa, ma non meno "sentita", del culto nipponico in ogni istante della quotidianità. I sacerdoti *kannushi* – a differenza di quanto avviene nel caso dei preti cattolici a noi contemporanei – sono sia uomini che donne, e hanno la possibilità sia di convolare a nozze sia di fare figli. Il motivo è probabilmente da rintracciare nella concezione del mondo shintoista: la <u>dimensione fisica</u> *(kenkai)* alla quale appartengono gli esseri mortali, gli uomini *in primis*, ha la stessa consistenza della <u>componente sovrannaturale</u> e invisibile *(yukai)* alla base del politeismo shintoista. Tangibile e intangibile coesistono e interagiscono tra loro in modo pacifico e spontaneo, essendo parte di un progetto di creazione più esteso e onnicomprensivo. Durante il periodo

Meiji di cui ti hoà già ampiamente parlato nelle pagine precedenti, lo Shintoismo divenne formalmente insignito del titolo di religione di Stato, separato dai culti buddhisti e coinvolto in una campagna di promozione forzata volta a celebrare la figura dell'Imperatore. Quest'ultimo era considerato il diretto discendente della dea **Amaterasu**. La divinità solare nata dall'occhio sinistro di *Izanagi-no-Mikoto* – la forza maschile alla base della creazione del Giappone e del mondo – è ritenuta la *figura-Kami* che, per prima, avrebbe consegnato al sovrano del Giappone un preziosissimo specchio, una collana di perle e l'immancabile spada affilata simbolo del potere divino. Sarà soltanto la sconfitta del Paese del Sol Levante durante la Seconda Guerra Mondiale a ridimensionare la componente mistico-religiosa del capo di Stato: l'Imperatore rinunciò pubblicamente al titolo di *divinità-Kami* sulla Terra e rinnegò ogni coinvolgimento sovrannaturale nella gestione delle questioni politiche, finanziarie e sociali del Giappone.

Mio caro lettore, un breve appunto: nei prossimi capitoli scoprirai la storia e le vicissitudini di alcuni celebri *Kami* nel culto della mitologia nipponica. Tuttavia, devo metterti in guardia: il pantheon divino del Giappone conta, al giorno d'oggi, oltre 8 milioni di *Kami* – uno in più uno in meno – che permeano le manifestazioni della Natura e regolano l'Universo. Per approfondire la caratterizzazione simbolico-religiosa di (quasi) tutti i mostri, gli spiriti e le entità nipponiche giunte fino a noi puoi fare affidamento su un'apposita enciclopedia mitologica[3], oppure condurre le tue ricerche in rete in maniera più dettagliata e organizzata. Nei prossimi capitoli ho infatti scelto di narrare storie che sappiano incuriosire ed emozionare, nonché presentare al pubblico italiano i grandi protagonisti della mitologia nipponica – non solo Amaterasu, Izanagi e Izanami, ma anche il dio della guerra Hachiman, il Kami della saggezza e del successo scolastico Tenjin, e la dea dell'agricoltura e della prosperità familiare Inari. A tal proposito, ricorda che ogni entità sovrannaturale viene opportunamente celebrata nei santuari shintoisti del territorio nazionale, i *jinja* – letteralmente, «*luogo degli dèi*». Nel corso dei miei pellegrinaggi orientali, ho avuto la fortuna di assistere alle celebrazioni del santuario *Izumo Taisha* – probabilmente il più antico di tutto il Giappone, dedicato a Okoninushi, il Kami creatore del Gran Paese in

---

[3] MIZUKI S., *Enciclopedia dei mostri giapponesi* (Kappalab, 2013)

compagnia dei due gemelli Izanagi e Izanami, - e al celebre complesso di *Fushimi Inari Taisha* a Kyoto in onore del Kami Inari.

Prima di passare in rassegna le peculiarità del Buddhismo, permettimi di raccontarti brevemente i punti salienti della mia esperienza. I templi nipponici variano enormemente per dimensioni, posizioni e fini socio-culturali; in altri termini, un viaggio alla scoperta dei santuari più misteriosi e suggestivi del Sol Levante è quanto di più adrenalinico e umanamente appagante possa esser fatto nel corso di un viaggio turistico (e non) in Giappone. Tuttavia, l'apparente disarmonia dei luoghi di culto shintoisti nasconde, in realtà, una struttura universale. In aggiunta al Torii dipinto in rosso vermiglio che divide lo spazio laico da quello consacrato al *Kami*, ogni *jinja* vanta un gradino di pietra ruvida oltre il quale si staglia un piccolo pozzo traboccante d'acqua. Coloro che decidono di visitare il santuario sono chiamati a purificare le proprie mani servendosi del cucchiaio di legno, lungo e scavato, solitamente poggiato ai margini del contenitore. In alcuni casi, è convenzione sciacquare anche le labbra prima della preghiera, così da ristabilire l'armonia tra il corpo e l'anima del credente shintoista. Poco distante si staglia l'ufficio amministrativo del sacerdote o della sacerdotessa, e la famosa parete di tavolette in legno Ema, sulle quali è possibile scrivere desideri, preghiere e pensieri personali sotto i motivi naturali raffigurati da grandi pittori o da artisti emergenti. Non da meno sono la stanza del culto e le scatolette per le donazioni spontanee che contribuiscono alla salvaguardia del luogo di culto; non mancano le campane votive e le rappresentazioni figurative dei *Kami* più importanti dinanzi a cui gli shintoisti si raccolgono in preghiera.

E cosa dire del Buddhismo? La religione politeista di origine indiana si fonda sui precetti e sugli insegnamenti del Buddha con l'intento di guidare l'individuo lungo un percorso di salvezza e auto-compassione volto alla trascendenza e alla liberazione dai mali terreni. Il culto d'Oriente arrivò in Giappone presumibilmente intorno al VI secolo dopo Cristo, periodo in cui lo Shintoismo contava numerose comunità e tribù di adepti sul territorio. Il favore governativo e la sostanziale affinità all'animismo *shinto* fu motivo di pacificazione, fusione e contaminazione culturale: shintoisti e buddhisti s'integrarono gli uni al fianco degli altri, raggiungendo gradi di complicità senza precedenti. Nel dettaglio, la diffusione delle scuole buddhiste – *la Tendai, la Nichiren, la Zen, la Shingon e la Joudo*

(Shinshu) – favorì la costruzione di templi ispirati all'architettura sudcoreana e cinese. Soltanto successivamente i luoghi di culto raggiunsero un'estetica nipponica più tradizionalista, così da rispettare gli standard culturali e sociali del popolo giapponese. In linea generale, gli interni di un tempio buddhista sono più ampi e minimalisti di quelli dei *jinja* shintoisti. Inoltre, le pareti mobili in legno, stoffe e bambù consentono ai moncai di personalizzare lo spazio a seconda della cerimonia e/o del momento di preghiera in programma. L'entrata del santuario prende il nome di Mon – letteralmente, *«porte a colonna»* - e conduce agli oggetti sacri, preziosi e inviolabili custoditi con cura maniacale nei vasti spazi di preghiera. Qualora volessi organizzare un viaggio in Giappone alla scoperta delle origini shintoiste e buddhiste d'Oriente, non dimenticare di visitare il *Todaiji* in stile architettonico Nara, situato nella regione del Kansai, il *Sensoji* a Asakusa e il *Daigo Ki* a Kyoto.

Accanto alle due grandi religioni giapponesi è possibile annoverare un 10% di minoranze distribuite in maniera disorganizzata e incongrua su tutto il territorio e, in particolar modo, nelle megalopoli: Cristianesimo, Induismo, Islam ed Ebraismo restano ai margini, sebbene a Tokyo e Kyoto non sia impossibile imbattersi nei luoghi di culto delle minoranze summenzionate.

Capitolo 2
Le fonti letterarie e la cosmogonia giapponese: l'origine del mondo

Mitologia. La si può definire un'enciclopedia delle scienze umane il cui eco rimanda a un periodo storico preciso – spesso avvolto da un velo di mistero e di dimenticanza, - oppure la si può giudicare un infantilismo condiviso da interi popoli, incapaci di trovare risposte scientifiche ai quesiti ancestrali. In alternativa, la mitologia è manifestazione di un desiderio radicato nel profondo di ogni individuo: *il desiderio di trovare il proprio posto nel mondo*. In tal senso, le storie e i protagonisti fantastici giunti fino a noi sono il punto di partenza da cui leggere la nostra realtà contemporanea con gli occhi di un passato. Un passato glorioso, come nel caso della mitologia ellenica, un passato militare e burrascoso, se pensiamo alle vicende mitologiche dei Vichinghi, o un passato magico e un po' animista come ci ricorda lo Shintoismo e il Buddhismo nipponico. In ogni caso, il passato non è mai soltanto passato; esso vive e rivive nelle domande che noi moderni – figli di una società occidentale sempre più produttiva, dinamica e cangiante – rivolgiamo a noi stessi sul senso della vita: *da dove veniamo? Perché? E dove andremo?*

La mitologia è, dunque, una delle tante chiavi di lettura con le quali possiamo fare ordine nel *mare magnum* di valori, tradizioni, protagonisti, emozioni, paure e desideri che abbiamo desunto dai nostri antenati. Leggere le opere memorabili di generazioni ormai polverose e dimenticate non significa «perdere tempo» dietro ideali che non esistono più, bensì riconoscere nei nostri antenati gli stessi grandiosi e spaventosi eventi dell'esistenza. Della vita. Ecco, dunque, che il passato torna a popolare il nostro presente di spiriti e di presenze misteriose sorte dal caos, di protagonisti ed eroi che ci permettono di tornare bambini almeno per qualche ora.

Il mio invito è che, un passo alla volta, il magico insieme di tradizioni giapponesi si faccia strada nella mente e nel cuore dei miei lettori. Là dove tutti noi, sognatori e curiosi per natura, non possiamo fare a meno di risvegliare la tendenza a spingerci verso l'ignoto: proprio come Odisseo, proprio come il Pelide Achille della mitologia ellenica.

Cosa ci riserva la saggezza orientale?

Per scoprirlo, compiamo un breve passo indietro e cerchiamo di approfondire le fonti scritte e orali tramandate fino ai nostri giorni.

I testi antichi
Mio caro lettore, mia cara lettrice, verso la metà del VI secolo furono pubblicati alcuni testi volti a legittimare la superiorità del *sovrano di Yamato* sugli altri oligarchi a capo delle regioni nipponiche: tra i tanti, i manoscritti giunti fino a noi sono la *Cronaca dell'Impero* (il Teiki) – un'argomentazione di ordine familiare che mira a dimostrare la supremazia dell'*ōkimi* (il re) sugli altri reggenti – e il celebre *Racconto di tempi antichi* (il *Kyūji*). Quest'ultimo è un insieme di ricche tradizioni popolari e culture millenarie combinate a leggende e personaggi della mitologia giapponese. Il risultato è straordinario; le pagine di questi due testi antichi saranno presumibilmente la fonte d'ispirazione primaria nella compilazione delle cronache datate VIII secolo: il *Kojiki* e il *Nihongi*. Per citare le parole di François Souyri nel suo *Nouvele histoire du Japon* dato alle stampe del 2005:

> "Si tratta dei primi tentativi scritti di raccontare, con intenzioni politiche, come i grandi capi del *Kinki* [la regione centrale dell'isola di Honshū] e in testa l'*ōkimi* riuscirono a dominare l'arcipelago *con la benedizione delle divinità delle alte pianure celesti*, attraverso quali vicissitudini riuscirono a imporsi, come uscirono vittoriosi dalle guerre contro i capi di Izumo".

Negli stessi anni si assiste alla produzione massiccia di genealogie familiari volte a risalire alle origini dei signori regionali nipponici. Ancora una volta, la componente divina gioca un ruolo chiave: chi gode della benedizione *Kami* merita di governare sugli oligarchi limitrofi. Gli *ujibumi* – questo il nome dei testi in questione – vengono rapidamente soppiantati dal *Cerimoniale dell'era Engi*: una raccolta di circa cinquanta brevi testi di carattere legale e giuridico pubblicati allo scopo di stabilire le norme comportamentali imposte dal culto *shintō*. Lo studio combinato delle fonti antiche ha permesso di fare luce sui misteri e sulle usanze del **periodo Nara** prima (710-794) e della **fase Heian** poi (794-1185).

Altrettanto importanti si sono rivelati i frammenti di *norito* giunti fino a noi: le invocazioni solenni di carattere mistico-religioso sono testimonianza degli strumenti linguistici impiegati dai sacerdoti e dalla popolazione locale per entrare in contatto con le manifestazioni sovrannaturali. E infatti, i *norito* erano originariamente recitati a voce alta dai sacerdoti appartenenti alle stirpe Imibe e Nakatomi in occasione delle giornate di festa o con l'intento di placare l'ira degli spiriti naturali che permeavano la Natura.

In ogni caso, la frammentazione delle fonti in questione ha reso difficoltosa la ricostruzione della mitologia giapponese delle origini. È con il *Racconto di antichi eventi* del 712 dopo Cristo che i Kami assumono agli occhi di noi moderni tutta la *verve* simbolica, culturale e religiosa dello Shintoismo. L'opera ha un impianto narrativo e racconta il susseguirsi degli eventi storici dalla reggenza di *Yamato* (IV secolo) al periodo Nara di cui sopra.

Quest'ultimo acuì l'influenza della Cina sull'amministrazione del Giappone, motivo per cui il *Racconto di antichi eventi* si serve degli ideogrammi cinesi con valore sia semantico sia fonetico. Al giorno d'oggi si è concordi nell'affermare che il testo originale sia stato compilato sotto richiesta dell'Imperatore *Tenmu* il quale, rivolgendosi al miglior cortigiano del regno – un tale *O no Yasumaro* – volle raccogliere le informazioni e le tradizioni dei predecessori in forma scritta, affidandosi ala memoria prodigiosa di *Are no Hiyeda*. Un po' Omero un po' cantore, costui godeva di una fama *sui generis* in ogni regione del Giappone antico: l'uomo avrebbe avuto sorprendenti proprietà mnestiche, cioè sarebbe stato capace di descrivere eventi passati con dovizia di particolari. *O no Yasumaro* si mise all'opera e divise l'incredibile patrimonio culturale del suo interlocutore in tre libri: il primo è dedicato interamente al tempo dei miti e delle leggende, il secondo alla fama degli eroi giapponesi e il terzo ai tempi storici contemporanei alla voce del narratore.

Il *Racconto di antichi eventi* è una porta di accesso privilegiata, una scialuppa che – navigando controvento in direzione del Passato e della Storia – ci consente di rivivere le vicende nipponiche in modo dettagliato, accurato e immersivo.

Tuttavia, l'impegno letterario di *O no Yasumaro* si rivelò ben presto più complesso e faticoso di quanto inizialmente preventivato: l'Imperatore intervenne più e più volte al fine di modificare la narrazione degli eventi in maniera tale da difendere la propria supremazia e la discendenza della stirpe regnante. Il cortigiano rettificò e revisionò i tre libri più e più volte, tanto da scrivere nella prefazione del suo *masterpiece*:

> "Ho saputo che gli annali dinastici e le antichissime storie in possesso delle varie famiglie <u>non sono conformi a verità</u>. Molte falsità vi si sono accumulate. Se gli errori non vengono corretti subito rovineranno ben presto il significato dei testi che trasmettono i principi fondamentali del nostro regno. Sarà bene dunque rivedere gli annali dinastici e controllare le storie antiche per eliminare gli errori e stabilire la verità da trasmettere ai posteri".

La presunta «verità ufficiale» racchiusa tra le pagine del *Racconto di antichi eventi* ha un intento espressamente propagandistico e populista. L'unificazione e la combinazione delle tradizioni originarie sono il punto di partenza da cui Tenmu in persona riuscì a dimostrare la superiorità della sua discendenza su quella degli oligarchi regionali a lui rivali. Tuttavia, per quanto gli storici siano concordi nell'affermare che il contenuto dei tre manoscritti debba essere considerato <u>più ortodosso che religioso</u>, quest'ultimo resta pur sempre una fonte molto importante per comprendere la cosmogonia dell'universo nipponico.

Per nostra fortuna, il mito del Paese del Sol Levante è inscindibilmente connesso alla *Cronaca del Giappone* datato 720 dopo Cristo. Pubblicata col nome originale di *Nihongi* o di *Nihonshoki*, quest'ultima prende le distanze dall'intento propagandistico del *Racconto di antichi eventi* per perseguire obiettivi letterari sui generis: trattandosi di un'opera storiografica, l'intento del principe Toneri – autore del trattato summenzionato in compagnia del cortigiano *O no Yasumaro* e degli altri letterati di corte – consiste nell'esaltazione e nel riconoscimento del nascente Impero autonomo del Giappone. Il manoscritto, redatto in cinese, è infatti destinato a un pubblico di lettori esteri. L'obiettivo è audace: legittimare la natura divina del sovrano nipponico, il quale si trasforma in Kami umano disceso sulla Terra al fine di condurre il proprio popolo alla vittoria e alla prosperità. Per dirlo con le parole di Rossella Marangoni in *Shintoismo – I movimenti e le idee*:

> "Il *Nihongi* si presenta come un'opera storica che aderisce al modello cinese degli annali e propone differenti versioni dei miti seguendo varie fonti là dove il *Kojiki* [**N.d.R.** nome originale del *Racconto di antichi eventi*], pur redatto all'incirca nello stesso periodo a partire da una materia comune, offriva un'unica versione. Il *Nihongi*, del resto, utilizzò materiali aggiuntivi raccolti sotto il regno di Tenmu e sotto quello dell'imperatrice Jitō. [...] Se ognuno dei due testi risponde alla logica di un diverso pubblico cui potenzialmente si rivolge, **interno per il *Kojiki*, esterno per il *Nihongi***, entrambi concorrono a una costruzione comune che lo storico *Yoshie Akio* spiega con chiarezza: <u>la creazione consapevole e sofisticata di una mitologia funzionale e concorrente alle relazioni con la Cina</u>".

Di conseguenza, non è errato ricordare ancora una volta quale sia il ruolo primario della componente mitologica antica, *oggi come allora*: **delimitare il proprio posto nel mondo**, tracciando scenari religiosi, politici ed economici sempre più complessi e dinamici. DNA dei popoli e dei continenti, la mitologia non è poi così dissimile dalla tradizione classica di cui noi cittadini tricolori siamo custodi orgogliosi a distanza di millenni, di secoli. Di conseguenza, non sorprende che la struttura governativa del Giappone sia stata definita ancora nel 1935 dal Ministero dell'Educazione novecentesco: "[...] *la nostra eterna, immutabile, essenza nazionale*".

In che modo si è evoluta, anno dopo anno, reggenza dopo reggenza? E quali sono i protagonisti mitologici che hanno contribuito al riconoscimento dell'identità nazionale giapponese, autonoma rispetto all'influenza della vicina Cina?

Per scoprirlo non dobbiamo fare altro che metterci comodi – magari sorseggiando una tazza di caffè fumante o un calice di vino rosso, *de gustibus* – e approfondire la nascita del mondo nipponico.

Che il viaggio abbia inizio!

I racconti della creazione – Il sacrificio di una Madre e la promessa di Mizuhame, la Principessa d'Argilla

Fu l'inizio di tutto. Tre divinità primitive sorsero in modo spontaneo, rimescolandosi agli elementi ancestrali che compongono le manifestazioni del mondo. Il primo a fare la sua comparsa sul palcoscenico della Vita fu *Ame-no-minaka-nushi*, letteralmente il *Divino e Ancestrale Dio del Centro dell'Universo*. La sua presenza occupava il fulcro del Tutto, sorreggendo l'ordine cosmico e garantendo l'armonia dei fenomeni materiali e immateriali. Proprio come la stella Polare brilla sulla sommità della volta celeste e guida i viaggiatori nelle notti più buie, allo stesso modo *Ame-no-minaka-nushi* è il punto di origine di ogni essere vivente che abita il Pianeta Terra e l'Universo. Due sono le divinità secondarie che nacquero dall'equilibrio ancestrale: la componente maschile *Takami-musubi* e quella femminile *Kami-musubi*. Potremmo tradurre i loro nomi in *Alto Spirito Generatore* e *Spirito Generatore* al fine di comprendere il loro ruolo primigenio: velocizzare il processo di procreazione e donare consistenza alla Terra. Si credeva, infatti, che quest'ultima fosse fluida e malleabile come l'argilla. Al tempo delle tre divinità primitive, il Pianeta non aveva ancora assunto la consistenza che tutti noi oggi gli attribuiamo. Tutt'altro. Il mondo galleggiava sulle acque generatrici come una medusa nuova indisturbata nelle profondità marine.

Infine, in un giorno di primavera, una canna di bambù fiorì dall'improvviso e si erse maestosamente verso il cielo. La forma armoniosa dei suoi boccioli diede vita ad altre creature sovrannaturali: Umashi-ashi-kabi-hikoji e Ame-no-tokotaci – letteralmente il *Buon Germoglio di Canna* e *il Dio che veglia sul Cielo*. Gli ultimi arrivati volsero lo sguardo alla triade divina originaria e, stipulando con loro un patto silenzioso e immutabile, divennero un'unica entità intangibile conosciuta col nome di *Koto-amatsu-kami*, cioè gli *Dèi celesti che si sono distinti*. Costoro presero le distanze dalla Terra che continuava a generarsi in maniera autonoma, spontanea, e smisero di occuparsi del destino riservato alla materia tangibile.

Il Pianeta continuò a mutare e, mutando, a generare nuove dinastie divine. Fu il turno delle sette generazioni composte in tutto da dodici spiriti sovrannaturali. Questi ultimi svolgono un importantissimo ruolo simbolico ed evolutivo: ogni divinità incarna, infatti, una delle altrettante fasi attraversata dal mondo prima di raggiungere la consistenza e la forma da noi conosciuta.

E così, *Kuni-no-tokotaci* è la divinità che permane sul Pianeta, *Toyo-kumo-nu* rappresenta l'originaria nube inconsistente e paludosa, *Uhigini* e la sorella *Suhigini* divennero i *Guardiani della Terra Fangosa*. Poi fu il turno di Ikigui e Tsunugui – i quali introdussero il concetto delle quattro stagioni, incarnando la figura dei *Signori delle gemme che sbocciano*. Quando la flora cominciò a ricoprire le primigenie distese desertiche del nostro mondo, Ohotonogi e Ohotonobe – l'uomo e la donna della Terra – si dedicarono a una lunga serie di attività volte a garantire la diversificazione e la proliferazione delle specie viventi. Infine, il corrispettivo di Adamo ed Eva biblici è rappresentato dal legame esistente tra Omodaru e Ayakashiko-ne. Il primo è conosciuto con la divinità dal Volto Lucente, la seconda è la sua sposa fedele. La coppia abita un modo in cui non esistono malattie, carestie, violenze e aggressioni di alcun tipo; la magnificenza del "*Giardino dell'Eden*" nipponico viene descritta minuziosamente nelle pagine del *Kojiki* e del *Nihongi*. La creazione è finalmente compiuta: i fiori colorano gli altopiani verdeggianti, il mare lambisce le coste bianche e cristalline, mentre il cielo terso illumina le vaste distese desertiche.

Tuttavia, non esistono creature tangibili che possano beneficiare della meraviglia del mondo; gli animali e gli esseri umani sono legittimati dalla generazione dell'ultima generazione di dèi: Izanagi e Izanami – letteralmente, *l'Uomo e la Donna che sono stati invitati* – si uniscono spiritualmente e fisicamente al fine di generare le isole del Giappone. Dal loro amore sgorgheranno una moltitudine di divinità secondarie, le quali coloreranno le manifestazioni del mondo e difenderanno l'armonia cosmica. Per giunta, queste ultime si affideranno alla potenza di Izanagi e Izanami per plasmare un Paese galleggiante di dimensioni mai viste prima d'ora. Per riuscire nell'intento, faranno dono ai procreatori di una celebra alabarda ricoperta di gemme preziose, la *Ame-no-nu-hoko*. L'obiettivo? Fondere una leva iper-resistente che avrebbe consentito all'Uomo e alla Donna primitivi di sollevare il continente nipponico dalle profondità marine. Izanagi e Izanami risposero alla missione con coraggio e lealtà; i due si diressero nel punto esatto in cui è lecito congiungersi al Cielo e alla Terra e si ritrovarono sull'*Ame-no-ukihashi (il Ponte galleggiante del Cielo)*. Servendosi della lancia originaria – che secondo la leggenda sarebbe stata una *Naginata*, ovvero un'asta nipponica costituita da una lunga lama ricurva – raggiunsero la superficie del mare. Quando la punta diamantata sfiorò l'acqua salata, si formarono un'ampia varietà di rocce che diedero vita al nucleo primario dell'isola, *Onogoro-shima* (il Continente primordiale). Le due divinità osservarono l'opera dall'alto e, soddisfatti del risultato ottenuto, discesero dal Ponte del Cielo per creare la loro dimora sulle pendici del neo-continente. Tuttavia, la vicinanza alla materia terrestre ricondusse la loro attenzione su una differenza di cui fino a quel momento non erano a conoscenza: i corpi di *Izanami* e *Izanagi* erano diversi gli uni dagli altri. Subito decisero di celebrare la possibilità di un'unione primitiva con una ricca cerimonia nuziale: girarono per tre volte intorno al pilastro che sorregge la volta celeste e si unirono sotto le stalle per assicurare al continente *Onogoro-shima* una lunga e florida discendenza.

Sebbene *Izanami* (la componente femminile della coppia) fosse lieta del temperamento e del coraggio del suo sposo, dovette ben presto fare i conti con la creatura deforme che custodiva nel grembo materno: Hiruko. Il figlio dell'Uomo e della Donna originari nacque privo di ossa e perciò incapace di assumere la posizione eretta che si conviene agli esseri viventi. Per giunta, il suo volto mostruoso e paffuto dava l'impressione di essere il risultato di un incesto aberrante; dopo tre lunghi anni di patimento, Izanami pensò di liberarsi definitivamente della prole. Sistemò il piccolo Hiruko su un'imbarcazione realizzata con spesse canne di bambù e – complice le prime ore della notte – lo lasciò al suo tremendo destino. Tuttavia, il dio aveva intuito le intenzioni materne e, nel tentativo di difendersi dalle onde oscure che minacciavano di inghiottirlo per sempre, combatté con coraggio e si sollevò sulle due gambe posteriori – nonostante qualche incertezza iniziale. Nuotò con tutte le energie che aveva in corpo e, a distanza di qualche giorno, raggiunse le coste abitate dalla popolazione di Hokkaido e Honshu. Gli Ainu accolsero il dio deforme a braccia aperte e col sorriso sulle labbra. Gli uomini che se ne presero cura erano infatti pescatori umili e ben disposti nei confronti delle manifestazioni della Natura – le stesse che permettevano loro di vivere con abbondanza di cibo. Hiruko venne dunque chiamato Ebisu, la divinità nipponica che tutt'oggi porta fortuna agli uomini di mare che si affidano alla sua bontà d'animo.

Nel frattempo, Izanagi e Izanami soffrivano la sorte del figlio abbandonato. Quali erano le cause imputabili alla malattia della prole? – si chiedevano. Quali gli errori che avevano commesso per meritarsi quella punizione cosmica che aveva il nome di Hiruko? Nel tentativo di risollevare il morale della sposa, Izanagi ipotizzò ch'avessero compiuto un qualche errore durante il rituale nuziale. E in effetti, la componente femminile della coppia aveva preso la parola prima dell'Uomo originario. Non era forse questa la causa della loro sfortuna? Le due divinità decisero dunque di ripetere per filo e per segno i rituali matrimoniali compiuti sotto la volta celeste, e quella volta fu proprio Izanagi ad esaltare la bellezza e l'energia generatrice della propria sposa. L'unione tra i due fu straordinariamente feconda: numerose furono le divinità e le piccole isole che si formarono nel ventre di Izanami, sotto lo sguardo commosso e meravigliato degli altri spiriti sovrannaturali. E così, notte dopo notte, il mondo così come oggi noi lo conosciamo si riempì di dèi a protezione della famiglia, delle foreste, delle onde del mare e delle stelle che illuminano il cielo sopra di noi. Fu il turno degli spiriti guardiani di corsi d'acqua, alberi, fiori e steli d'erba mossi dal vento. Tra le montagne e le vallate, nelle profondità marine o nelle nuvole del cielo dimorarono mostri sorprendenti e temibili; è questo il caso del dragone Owatatsumi, il quale costruì un inespugnabile palazzo marino a difesa delle specie animali. Non da meno fu anche Kagu-tsuchi, la divinità del fuoco che, nel corso del parto, bruciò addirittura il ventre della madre Izanami.

Subito Izanagi si recò dalla sposa per verificare le sue condizioni di salute. Ma era troppo tardi: l'aggressività e l'imprevedibilità del fuoco avevano recato dolore e sofferenza alle altre specie viventi; gli alberi bruciavano, i frutti dei s'incenerivano e gli animali cercavano di mettersi in salvo, nel disperato tentativo di sfuggire alla potenza distruttiva di *Kagu-tsuchi*. Al contempo, Izanami chiese allo sposo di vegliare sulle manifestazioni della Natura. «Sono troppo debole per tenere a bada la mia progenie. Ma ti chiedo, Izanagi, di giacere ancora una volta con me affinché io possa portare a termine la creazione della Terra prima di lasciarti per sempre».

E in effetti, le ferite sul ventre della Donna originaria erano profonde, pulsanti. La coppia divina si riunì in un ultimo, sofferto abbraccio vitale. Venne così generata l'ultima dea marina Micuhame – conosciuta anche col nome di Principessa d'Argilla, - la quale fu incaricata dalla madre di tenere a bada gli scoppi d'ira del fratello di fuoco tutte le volte in cui avrebbe minacciato di distruggere con la sua potenza le manifestazioni dell'Universo. Infine, Izanami morì tra le braccia del suo sposo. Izanagi versava fiumi di lacrime, sorreggendo il capo dell'amata. Fu quello il momento in cui la Morte planò sulla Terra per la prima volta, imprigionando uomini e animali in un ciclo di *creazione-distruzione* che si ripete all'infinito.

Capitolo 3

I miti giapponesi: la vendetta di Izanagi e l'egemonia di *Yomotsu-o-Kami*

Mio caro lettore, mia cara lettrice, il buon Inazagi non poté tollerare la morte dell'amata. Molte furono le notti insonni che l'*Uomo generatore* trascorse alla disperata ricerca di una parola di conforto, di una manifestazione naturale che potesse richiamare alla memoria l'espressione delicata della sposa e, ricordandola, lenire il dolore che provava. All'apice della disperazione, ritenne che la dipartita della malcapitata Izanami fosse colpa di *Kagu-tsuchi*. Il *Kami* del fuoco che, nascendo e bruciando il ventre della madre, aveva inevitabilmente contaminato l'Universo con l'avanzata della morte, della sofferenza e della decadenza. E così, Izanagi vagò a lungo; quando infine raggiunse il temibile figlio, sguainò la spada e lo colpì ciecamente. Non c'era pietà sul viso dell'*Uomo generatore*, ma calde lacrime scendevano dalle ciglia pesanti e s'infrangevano sul suolo roccioso. Il sangue della vittima – la quale, dopotutto, non aveva previsto la vendetta paterna – permise di creare altre otto divinità secondarie. Divinità materiali, terrestri; divinità che rispondevano alle regole naturali della pietra che forma le vette montuose e dei vulcani zampillanti di lava.

Tuttavia - come spesso accade - la rappresaglia dell'amante addolorato non attenuò il ricordo sferzante del lutto. Il cuore di Izanagi palpitava veloce, carico di una sofferenza indicibile. Infine, l'*Uomo che tutto aveva generato* stabilì di strappare all'Aldilà la sua amata Izanami. Secondo la mitologia shintoista, l'Oltretomba nipponico *(Yomi)* è il luogo in cui le anime dei morti abitano in eterno. La traduzione letterale è, infatti, *Mondo dell'Oscurità* – alludendo per l'appunto a quello spazio intangibile né paradisiaco né infernale all'interno del quale i defunti trascorrevano la loro vita dopo la morte. Molti studiosi ritengono che l'immagine dello *Yomi* fosse derivata dalle pitture delle antiche tombe nipponiche all'interno delle quali i cadaveri erano lasciati per qualche tempo in decomposizione. Inoltre, il *Kojiki* suggerisce che l'entrata principale dello *Yomi* sia situata nella *Provincia di Izumo*. Izanagi discese dunque nell'Aldilà e – circondato da ombre dense e oscure volute di fumo – chiamò a gran voce il nome dell'amata nella speranza di trovare la strada. Il buio lo avvolgeva da ogni lato, e il rumore dei suoi passi era a malapena udibile per via del respiro affannoso che fluiva dalle sue labbra schiuse.

«Sono qui, Izanami. Sono qui per salvarti! Vieni via con me!» - gridava *l'Uomo generatore* con quanto fiato avesse in corpo.

All'improvviso, una flebile voce catturò la sua attenzione. Era la voce di Izanami, fioca e appena percettibile.

«Oh, quanto apprezzo il tuo gesto d'amore! Ma vedi, non posso più seguirti sulla terra dei vivi»

«P-perché?»

«Ho già mangiato il cibo dello Yomi, e la tradizione vuole che nessuno sia libero di risalire in superficie dopo averne assaggiato la consistenza e il sapore. Ma la tua presenza qui mi riempie di gioia. Aspettami qui affinché preghi il dio di questi luoghi e gli chieda il permesso di andare via! E ricorda di non posare il tuo sguardo sulla mia forma attuale. Potrai guardarmi soltanto se riuscirò a tornare in vita»

Izanagi annuì nel buio e udì i passi della sua amata allontanarsi nella direzione opposta. Lo sposo attese di buon grado, ma il tempo passava e di Izanami non v'era più traccia. Allo scoccare del primo giorno d'attesa, gli occhi di Izanagi erano stanchi della coltre buia e fumosa che l'avvolgeva da ogni lato. Anche l'aria stantia del regno dei morti gli impediva di respirare a pieni polmoni, e i colori della Terra erano un ricordo tanto lieto quanto lontano. Possibile che la sua compagna avesse deciso di abbandonarlo lì, tutto solo, in quella piana di vuoto e buio che prende il nome di Yomi? Fu così che – dopo aver recuperato il pettinino con il quale era solito acconciare i capelli – ne staccò due denti e li strofinò tra loro con l'intento di produrre una piccola fiamma che potesse rischiarare l'oscurità circostante.

Tra le strade lugubri e sterrate che si aprivano dinanzi ai suoi occhi, notò un'ombra che torreggiava su tutte le altre; era un palazzo signorile, un edificio sontuoso ma ugualmente in decadenza. Izanagi, con il cuore in gola, decise di esplorarlo. Il dio s'incamminò a passi lenti, guardandosi attorno da ogni lato per timore di cadere vittima di un'imboscata. Credeva, infatti, che il signore dello Yomi avesse negato il permesso di rinascita alla sua sposa, costringendola a chissà quali terribili supplizi. Lo avrebbe affrontato e, sconfiggendolo, ricondotto sulla Terra la moglie di cui non poteva più fare a meno.

Giunto in prossimità del fabbricato, aprì il cancello con dita tremanti e si mise alla ricerca di uno spirito che potesse indicargli il cammino. All'improvviso, la debole fiammella che stringeva tra le mani illuminò una presenza oscura, massiccia. Era Izanami. Non più l'Izanami d'un tempo, i cui modi dolci e la cui voce soave avevano spinto la coppia a giacere insieme per procreare le divinità e gli esseri viventi della Terra. L'Izanami che l'osservava con sguardo maligno era quanto di più terribile e decadente Izanagi potesse immaginare; il corpo in putrefazione era attraversato da lunghi vermi che fremevano nell'oscurità, e l'incarnato pallido di un tempo aveva assunto un colorito violaceo in prossimità degli occhi e delle dita sottili.

«C-cosa? Com'è possibile, Izanami?» - balbettò l'*Uomo generatore* all'apice dell'afflizione, facendo del suo meglio affinché la fiaccola non si spegnesse per via dei suoi sospiri di terrore. Izanami tentò di nascondere il proprio viso con le mani ossute, ma era ormai troppo tardi. Per giunta, dal suo grembo in putrefazione erano sorte rapidamente otto divinità della tempesta e del tuono; armate di lance e possenti tamburi, queste ultime iniziarono a marciare con rabbia contro Izanagi, il dio vivente che aveva osato rivelare i segreti dello Yomi accendendo il fuoco nell'oscurità che avvolge ogni cosa. La malcapitata divinità cominciò a retrocedere, passo dopo passo, incapace di proferire parola. I sogni d'amore si erano brutalmente infranti davanti ai suoi occhi, e il timore di non rivedere la luce del Sole gli impediva di pensare lucidamente. Quando i due capi della truppa nemica – rispettivamente *Raijin* e *Fujin*, il *Guardiano del Tuono* e il *Protettore del Vento* – cominciarono a inseguire l'intruso, Izanagi rivolse un ultimo sguardo contrito alla sua sposa e, lasciando cadere la fiaccola, cominciò a correre con tutte le sue forze nel tentativo di seminare i nemici. Tuttavia, dal momento che i due non perdevano terreno, anzi, si avvicinano considerevolmente, Izanagi ricorse al suo secondo stratagemma: afferrò il pettine di bambù che ornava la chioma e lo lanciò contro gli inseguitori. Quando il prezioso artefatto toccò il pavimento brullo e arido dello *Yami* germogliò all'istante; tanti teneri fiori cominciarono a spuntare in quel luogo ostile, lontano dalla luce del sole e dal rumoreggiare delle onde del mare. Molti dei suoi nemici si fermarono d'improvviso per divorare quel cibo

prelibato, consentendo a Izanagi di recuperare terreno e di approssimarsi all'uscita dell'Oltretomba. Infine, proprio mentre le gambe cominciavano a cedergli e la paura s'insinuava nel suo cuore, l'*Uomo che tutto aveva generato* notò la presenza di un dolce pesco, i cui tre frutti dondolavano placidamente dai rami mossi dalla brezza. Senza pensarci due volte afferrò le pesche e le lanciò con forza contro i pochi inseguitori rimasti; costoro lo avevano accerchiato da ogni lato e grugnivano minacce dalle bocche inaridite dalla lunga corsa. E così, quando il profumo della frutta fresca raggiunse le narici dei rivali, quelli cominciarono a retrocedere infastiditi. Non potevano tollerare, infatti, alcuna manifestazione del «mondo là sopra». Izanagi intuì il potere del pesco miracoloso e, rivolgendogli una preghiera concitata, chiese di prestare soccorso a tutti coloro che – proprio come lui – soffrivano ed erano in difficoltà. Ed è questo il motivo per cui la pesca viene da allora chiamata *Okamutsumi* – letteralmente, il *Frutto del Grande Dio* – ed è apprezzata in Giappone per le sue proprietà non soltanto nutritive, ma anche spirituali. Si crede, infatti, che sia in grado di mettere in fuga gli spiriti maligni nel cui cuore alberga la morte e la sete di vendetta.

Quando Izanagi si voltò indietro, notò in lontananza la figura affaticata e sofferente della sua sposa. Izanami schiumava di rabbia.

«Izanagi, non hai rispettato i patti! Perché mai mi sei venuto a cercare? Non ti avevo forse detto di restare in attesa?» - gridava, mentre nuvole di polvere si sollevavano a ogni suo passo. Aveva corso a perdifiato, superando indenne tutti i tranelli impiegati da Izanagi per trarsi in salvo. Ma il dio non si lasciò impietosire dalla figura pallida e smunta della sua ex-amata. Quando il calore del sole cominciò a restituire vitalità al suo volto emaciato, sollevò un pesante masso e lo depose di fronte all'ingresso dello Yomi affinché Izanami non potesse raggiungerlo e catturarlo. La dea continuava a urlare e a maledirlo con rabbia, graffiando contro la parete rocciosa nel tentativo di distruggerla con le lunghe dita ossute.

«Il tuo tradimento verrà punito, Izanagi. Ogni giorno reciderò mille vite per riempire il mio regno con le anime dei miei servitori!» - gridò.

«Fa come vuoi, mostro. Ogni giorno farò in modo che mille e cinquecento vite possano nascere sulla Terra che tu stessa hai creato. Rimani pure nella tua oscurità, e tieniti lontana dai colori, dai suoni e dai profumi della Terra. Izanami, da oggi il tuo nome sarà Yomotsu-o-Kami» - rispose Izanagi, allontanandosi in fretta e furia dalla trappola oscura alla quale aveva condannato la sposa defunta.

Yomotsu-o-Kami può essere letteralmente tradotto in *Grande Dea dell'Oltretomba* a testimonianza del fatto che Izanami sia considerata nel pantheon nipponico la Regina della Morte e la depositaria della maledizione originaria. È compito della Vita – la cui forza si dispiega in ogni essere che abita il mondo – cercare di arginare la maledizione di Izanami con la nascita costante di nuovi animali, di nuovi esseri umani.

Approfondimento: Euridice e Izanami a confronto

La genesi cosmogonica si conclude con la creazione delle divinità che, generate dal grembo di Izanami, popolano le manifestazioni della Vita e sorreggono l'ordine del cosmo. Al di là della leggenda, al di là del mito, permane una correlazione particolarmente interessante tra la vicenda dello Yomi e la narrazione ellenica delle avventure di Orfeo ed Euridice; nel dettaglio, il parallelismo consiste nella regola dello sposo. Il personaggio maschile non deve guardare il volto della donna defunta, pena la maledizione e la lotta con le potenze primitive e oscure dell'Aldilà. Un'altra similitudine che vale la pena tenere in considerazione è relativa al consumo del cibo dell'Oltretomba. Izanami dichiara di non potersi ricongiungere allo sposo per via del legame carnale intrattenuto col mondo di Yomi. Allo stesso tempo, la Persefone greca rapita da Ade e condotta negli Inferi viene tratta in inganno dalla divinità dei morti; avendo mangiato la frutta di Ade, non ha più chance di tornare nel mondo dei vivi.

Tuttavia, c'è una sostanziale differenza tra l'interpretazione mitologica ellenica e la narrazione nipponica: gli eroi giapponesi sono avvolti da amarezza, abbandono, sofferenza, passività e disprezzo; i sentimenti sinceri nutriti da Izanagi per la sua amata vengono calpestati dalla presenza di un disegno cosmogonico più complesso. Anche i grandi Kami generatori sono soggetti ai dettami ciclici della Vita e della Morte. Nel caso di Orfeo ed Euridice, invece, i protagonisti della tragedia decidono di comune accordo di contravvenire alle imposizioni divine poiché mossi da un sentimento ingovernabile di appartenenza e di unione reciproca. Quest'ultimo espediente narrativo induce il lettore e/o l'ascoltatore a identificarsi col malcapitato eroe mitologico, innescando quel sentimento di compassione e di catarsi brillantemente racchiuso nel concetto di pathos ellenico.

Tuttavia, il Kojiki nipponico non possiede nessuna ambizione letteraria. La vicenda di Izanami e Izanagi viene raccontata in maniera fredda, impersonale e a tratti brutale. L'obiettivo, dopotutto, era quello di redigere una cronaca nazionale che fosse in grado di legittimare la cultura nipponica in Oriente. Nulla a che vedere con l'enciclopedia emozionale che i greci erano soliti attribuire al racconto dei miti. Come se non bastasse, gli elementi simbolici – basti pensare al ruolo del pesco salvifico che consente a Izanagi di rallentare l'avanzata nemica, - restano avvolti da un velo di mistero. Gli studiosi si sono chiesti più e più volte il motivo per cui un dio generatore, colui che potremmo non a torto definire il corrispettivo di Zeus in Grecia, di Odino in Scandinavia e di Ra in Egitto, non sia in grado di liberarsi di otto creature inferiori con un semplice gesto della mano. In altri termini, gli espedienti e gli stratagemmi di cui si fa uso nella narrazione sono artificiosi e macchinosi: il pettinino e i tre frutti freschi sono utilizzati al solo scopo di ridimensionare l'influenza di Izanagi sul mondo dei morti o, più probabilmente, con l'intento di metterne in luce la sostanziale debolezza. Allo stesso tempo, la narrazione dell'oltretomba nipponico è quanto mai desolata e insignificante: privo di anime mortali e di personaggi secondari che ne costituiscono le fondamenta, appare un grande spazio vuoto che va riempito più narrativamente che mitologicamente. È per questi (e per altri) motivi che i ricercatori sono concordi nell'affermare che la narrazione della cosmogonia giapponese sia sostanzialmente inconsistente, imperfetta. *Ma non per questo meno affascinante.*

Prima di scoprire le multiformi avventure di Izanagi, voglio ricondurre la tua attenzione su alcuni punti estremamente singolari. In particolar modo, mi riferisco alla pressoché totale innocenza degli atti sessuali che precedono la creazione degli dèi inferiori. A differenza della componente aggressiva e sediziosa che prevale nella vicenda di Crono e dei suoi figli, la versione nipponica si limita ad accennare l'argomento in maniera delicata, quasi puritana. La coppia che tutto ha generato non è mai attivamente coinvolta nel vincolo matrimoniale, ma sembra aderire alle leggi della procreazione in maniera disinteressata, quasi passiva. Il motivo è da rintracciare nella credenza politico-culturale del tempo: l'Imperatore era considerato discendente diretto di Izanami e Izanagi, sangue del loro sangue. Di conseguenza, la componente sessuale riveste un ruolo secondario, un ruolo che potremmo definire *formale*. Scendere nei dettagli o inneggiare alla passione irrazionale degli sposi era considerato un atto disdicevole. L'obiettivo dei cortigiani non è perseguire la strada dell'accuratezza storico-mitologica, bensì dimostrare l'inalienabile diritto del sovrano sulla sua terra.

Tuttavia, Izanami e Izanagi non divennero mai divinità collettive: molto più importanti sono le creature secondarie nate dalla dea della morte e, in particolar modo, dalle sue urine/feci. Il bizzarro culto nipponico è giustificato dal ruolo che gli escrementi rivestivano in una società rurale e contadina, la cui economia si fondava in larga misura sulla coltivazione dei campi. Sta di fatto che la narrazione parziale e spesso confusa del Kojiki sia stata spesso attribuita ad aggiunte e revisioni postume alla data di pubblicazione. In tal senso, la narrazione cosmogonica della mitologia nipponica sarebbe il frutto di un lungo processo di strumentalizzazioni politiche al servizio delle ideologie sovraniste degli Imperatori seguenti all'epoca Nara (710-794).

In ogni caso, le avventure degli eroi nipponici non sono che all'inizio.

Capitolo 4

I riti di purificazione di Izanagi

Izanagi si allontanò a passo svelto dalla trappola mortale alla quale aveva condannato la sua ex-sposa. Affannato e pallido in volto, si trascinava sul terreno impervio che lo avrebbe ricondotto sulla via di casa. Sudava copiosamente e i raggi del sole riscaldavano il corpo macilento, provato dalla fatica. Nel tentativo di liberarsi della temibile influenza dell'Aldilà, l'*Uomo che tutto aveva generato* decise di compiere i primi riti di purificazione della tradizione nipponica. Si lavò nell'acqua candida della corrente e diede origine a una lunga lista di divinità secondarie legate al culto del candore e dell'innocenza. Infine, sciacquando a lungo il suo occhio sinistro, generò *Amaterasu-o-mikami*, la dea del Sole che splende sulla sommità della volta celeste e irradia ogni manifestazione del cosmo. Quando le gocce della fonte bagnarono l'occhio destro, sorse invece *Tsukuyomi-no-mikoto*, l'argenteo dio della Luna. Egli seguì la sorella e accolse a cuor leggero il compito assegnatogli dal padre: avrebbe irrorato con la sua lucentezza argentea e perlacea le oscure notti brulicanti di stelle. Infine, dal naso di Izanagi comparve *Susanoo-no-mikoto*, la protettrice del mare in tempesta.

La prole di Izanagi accerchiò il genitore in cerca di sostegno. E così, l'*Uomo che tutto aveva generato* donò alla prima figlia una collana di perle conosciuta col nome di *magatama*. Quest'ultima le avrebbe permesso di governare il cielo in maniera sicura e indisturbata, organizzando i flussi ventosi e assicurando il calore necessario per la coltivazione dei campi tanto cara ai mortali. Al contempo, impartì ordini e consigli paterni a *Tsukuyomi-no-mikoto* e a *Susanoo-no-mikoto* affinché anche la notte e le profondità oceaniche venissero amministrate con saggezza e dignità. Tuttavia, l'ultimo arrivato sulla Terra – il capriccioso dio dei venti e delle bufere – ritenne che le aspettative del padre fossero insulse e fastidiose; messo sotto pressione dagli obblighi genitoriali, cominciò a piangere calde lacrime di sconforto e, in breve tempo, prosciugò completamente i bacini d'acqua dei mari e degli oceani.

Disgrazia! Sofferenza! Morte! Izanagi si affrettò a discutere con Susanoo nella speranza di rendere il figlio ragionevole. Egli era infatti l'unico che, quasi inconsapevolmente, sembrava fare gli interessi della sua Izanami defunta.

«Figlio mio, per quale motivo ti comporti in questo modo? Non ti rendi conto forse che il tuo comportamento lede gli altri esseri viventi che abitano la Terra?» - domandò Izanagi, poggiando il palmo della mano sulla spalla possente del capriccioso dio delle bufere marittime.

«Piango per soffro! Oh, come soffro per il crudele destino al quale è stata condannata Izanami! Ti prego, padre…» - esclamò, prostrandosi ai piedi del genitore, «permettimi di scendere nelle profondità dell'oltretomba per incontrarla e per ricongiungermi con lei!»

Izanagi venne colto da un'improvvisa vertigine. Era incapace di proferire parola.

«Tu, tu l'hai chiusa all'interno dello Yomi per tenerla lontana dai suoi figli! Come hai potuto farle questo…» - continuò Susanoo, consapevole che il silenzio del padre non poteva che simboleggiare il ricordo di un dolore cocente, forse di una ferita ancora aperta e sanguinante.

Infine, Izanagi tramutò la sua esitazione in rimproveri paternalistici.

«Non vedi l'ora di abbracciare tua madre, o quel che è rimasto di lei? Benissimo, allora corri nello Yomi e resta lì. Il mare della Terra non ha bisogno di te dal momento che ti rifiuti di prendere sul serio il compito che ti ho affidato in difesa della Terra. L'Oltretomba, quella sì che sarà la dimora in cui trascorrerai il resto della tua esistenza immortale» - gridò. E così facendo si accomiatò dal terzo figlio con un gesti stizzito della mano.

Mio caro lettore, mia cara lettrice, devi sapere che il dio della tempesta è una figura mitologica ibrida. I giapponesi sono soliti considerarla sia negativa sia positiva, sia maledetta sia eroica. Nonostante derivi dal rito purificatorio di Izanagi, infatti, si narra che abbia un'incredibile influenza sulle anime dei defunti destinati a vagare nello Yomi.

Curioso di scoprire le (dis)avventure di Susanoo?

L'esilio di Amaterasu e l'inganno di Omoikane

Susanoo preparò il suo viaggio fin nei minimi particolari. Trascorse giorni e notti sulla terraferma e sulle distese marine più burrascose della Terra nel tentativo di pianificare la ricongiunzione con Izanami. Credeva in cuor suo, infatti, che la visione della prole di Izagai avrebbe fatto rinsavire la dea, restituendole la sua forma originaria. Prima di partire alla volta dell'oltretomba, Susanoo fece visita alla sorella Amaterasu, la divinità del Sole e del Cielo. Quest'ultima dimorava ad alta quota già da lungo tempo e, vedendo arrivare il fratello, pensò subito che avesse intenzioni ostili. Di conseguenza, corse nelle stanze del palazzo celeste per indossare l'armatura da battaglia e armarsi di tutto punto. Inoltre, legò i capelli sul capo alla maniera dei soldati, compì una breve danza propiziatoria tramandata dal padre e sollevò i piedi all'altezza delle ginocchia per sprofondare nel terreno. In questo modo, infatti, contava di assicurarsi una posizione stabile e ben bilanciata nel corso della possibile battaglia. Non è un caso che i movimenti in questione siano tutt'oggi praticati dai lottatori che praticano Sumo a livello agonistico, allo scopo di rispettare l'avversario e prepararsi ad affrontare il proprio rivale sportivo. Tuttavia, quando Susanoo raggiunse il regno celeste della sorella e vide Amaterasu agghindata a quel modo, cercò subito di calmarla e di dimostrarle le sue buone intenzioni.

«Hai frainteso, sorella mia! Placati in qualche modo e ascoltami, voglio soltanto parlare con te...»

«Ah sì? E allora ti metterò alla prova, mio caro fratello, dal momento che non posso permettere che il regno celeste cadi sotto il comando del dio delle tempeste. Chiaro?» - domandò con asprezza, ringhiando parole di sfida e mantenendosi a debita distanza dall'ultimo arrivato. L'interlocutore si disse d'accordo e seguì la sorella fino alle due sponde del Fiume Celeste – che i giapponesi erano soliti identificare con la Via Lattea.

«Susanoo, rimani dove sei e ascolta con attenzione le mie parole. Se tutt'e due abbiamo il cuore puro e nessuna intenzione di colpire alle spalle l'altro, allora genereremo in questa sede dei figli maschi; in caso contrario, daremo alla luce delle creature di sesso femminile!» - spiegò a gran voce, muovendosi a fatica nella pesante armatura da battaglia indossata per l'occasione.

E così, la divinità del Sole chiese a Susanoo di consegnarle la sua spada. La lama venne completamente immersa nelle acque tanto gelide quanto limpide del Fiume Celeste. Il contatto con il denso liquido trasparente ruppe l'arma del dio in tre pezzi uguali. Amaterasu li masticò a lungo e, dopo aver risputato i frammenti, generò tre divinità femminili. Al contempo, Susanoo domandò alla sorella di ricevere in dono la collana di perle regalatale dal padre il giorno della sua nascita.

Dopo averla immersa nelle profondità cosmiche della Via Lattea ne masticò i singoli pezzi con forza e dedizione, prima di risputarli ai suoi piedi. Subito sorsero cinque divinità di sesso maschile che si guardarono attorno con aria attonita, sgomenta.

«Visto? Sorella mia, ti sbagliavi. Ho creato cinque creature di sesso maschile e, proprio per questo motivo, ti ho dimostrato che non hai nulla da temere. Ora, levati l'armatura e raggiungimi qui, voglio salutarti prima della mia partenza definitiva» - gridò, allargando le braccia in direzione di Amaterasu. Costei, tuttavia, osservò il fratello con un cipiglio di disappunto stampato sul viso.

«N-non mi fido di te. Le divinità maschili sono nate dalla mia collana e perciò appartengono a me. Dalla tua spada sono sorti tre mostri di sesso femminile, motivo per cui hai perso la sfida. Tieniti alla larga dal mio regno e non costringermi ad agire con la forza…» - ribatté, sollevandosi sulla punta dei piedi per assumere una parvenza minacciosa.

Susanoo non poteva credere alle sue orecchie! Ridendo sguaiatamente delle minacce e delle dicerie della sorella, corse in direzione del regno di Amaterasu. Attraversò campi e coltivazioni, e non appena i piedi toccavano il suolo, ecco che lunghe feci scure insozzavano quanto di bello il mondo era in grado di offrire. La dea decise di comportarsi in modo comprensivo, osservando il fratello fuggire in direzione dei mari. Credeva infatti che costui avesse agito in quel modo perché sensibilmente ubriaco. Non poteva sapere, poverina, che i dispetti e l'ostilità di Susanoo avrebbero assunto col tempo dimensioni gigantesche, minando la sicurezza e l'ordine del cosmo.

E infatti, a distanza di qualche tempo, il dio delle tempeste catturò uno dei destrieri celesti al servizio della sorella, il cui manto puntellato di stelle si confondeva con il cielo notturno nelle candide giornate d'estate. Dopo averlo condotto in prossimità del mare, uccise la bestia e la scuoiò per puro dispetto. Non soddisfatto del terribile delitto, raggiunse rapidamente il palazzo di Amaterasu e, attirando l'attenzione delle ancelle ch'erano col capo chino a tessere gli abiti turchesi del cielo, gettò la carcassa del cavallo nel bel mezzo della piazzola principale. Il terrore piombò sul volto delle fanciulle in un solo frammento di secondo: le giovani donne cominciarono a urlare, a piangere, a strapparsi folte ciocche dei candidi capelli. Anche la divinità del Sole – affacciatasi alla finestra e osservata la scena da lontano - corse in cortile per unirsi alle preghiere e alle parole sconvolte delle proprie ancelle.

«Chi avrebbe mai il coraggio di compiere un gesto tanto crudele? E per quale motivo, poi?» - si disperava qualcuna.

«Amaterasu, Signora Amaterasu, forse la guerra è vicina?» - strillava qualcun'altra, torcendosi le dita bianche e dondolandosi sulle ginocchia per via della troppa angoscia. Infine, una delle servitrici celesti – la più giovane e docile tra le compagne - sussultò con tanta foga da ferirsi il ventre con la spola appuntita impiegata per tessere il vestito divino, e morì sul colpo. Amaterasu si avvicinò alle vittime con passo incerto, tremante e guardingo: il cavallo la osservava con l'occhio bianco spalancato in un'espressione di terrore; la lingua blu cadeva penzoloni sul pavimento, ricoperta di polvere. In aggiunta, il volto della povera ancella scomparsa era rimasto contratto in una smorfia di sofferenza e di terrore. Tutt'intorno, una pozza di sangue si propagava a vista d'occhio e macchiava i piedi delle servitrici celesti col denso e caldo liquido scarlatto. La dea del Sole si ritirò disgustata e, incapace di tollerare altre violenze carnali perpetrate ai danni del regno, si rinchiuse in una grotta profonda e si rifiutò di uscire.

Tuttavia, la protesta silente della radiosa Amaterasu gettò il mondo in uno stato di bruttura e disperazione via via crescente. Le tenebre avvolsero la Terra, la notte ricoprì con la coltre oscura i monti e i laghi, i villaggi di pescatori e le piccole cittadine di umani. Le ottomila divinità generate dalla coppia primordiale prima della morte di Izanami cominciarono a lamentarsi a gran voce, sicché il mondo si riempì improvvisamente di preghiere e lamenti simili al ronzio di un enorme sciame di mosche. Il povero Izanagi brancolava nel buio, proprio come la sua prole. Per giunta, quel buio denso e appiccicoso richiama alla memoria il trauma vissuto nello Yomi – motivo per cui l'Uomo che tutto aveva generato impiegò del tempo prima di mettersi alla ricerca di una soluzione. La congrega di dèi decise, infine, di organizzare una riunione di emergenza sulle sponde del Fiume Celeste. Tra i presenti, prese la parola *Omoikane*, il figlio di *Takami-mutsubi* – il dio del pensiero rapido e svelto, - il quale era apprezzato dai propri compagni per la sua spiccata capacità di dispensare consigli saggi e arguti. Tutti ammutolirono e tesero le orecchie in ascolto.

«Ho un piano, ma ho bisogno del vostro aiuto per realizzarlo...» - cominciò. Le divinità cooperarono con laboriosità e impegno affinché lo stratagemma di Omoikane fornisse una soluzione vincente alla dipartita della dea del Sole. Infine, quando tutto fu pronto, i Kami si recarono in prossimità della grotta di Amaterasu e cominciarono ad appendere collane, ciondoli in madreperla e altre offerte votive sui rami di un grande albero che svettava nella radura – anch'esso immerso nell'oscurità densa e pastosa della notte. Successivamente, gli dèi posarono uno specchio di rame contro il tronco robusto orientandolo in direzione dell'apertura della grotta. In questo modo, chiunque sarebbe uscito dalla cavità avrebbe ammirato la propria immagine riflessa. Infine, Omoikane liberò tre giovani galli e ingiunse loro di cantare come se il sole fosse appena sorto al di là dei monti. Gli animali obbedirono e, al contempo, le ottomila divinità della Natura presero a danzare, cantare, ridere e scherzare come in occasione di una grande festa. In particolare, Ame-no-uzume si legò i lunghi capelli in un'altra crocchia sulla sommità del capo e inventò la celebre danza *Kagura* – la stessa che diventerà la punta di diamante della tradizione shintoista nipponica. Dotata di un ottimo senso del ritmo, la dea abbandonò a terra i propri vestiti e, ignuda e governata dalla musica che risuonava alta nel cielo, suscitò l'ilarità dei presenti con i movimenti via via più disinibiti e spontanei. Le risa dei compagni destarono il sonno di Amaterasu la quale – rintanata nella caverna da tempo immemore – non aveva più ricordo delle gioie della vita e del piacere della buona compagnia.

«C-com'è possibile?» - si domandò tra sé e sé, immersa in pensieri d'odio e di vendetta per la terribile trovava del fratello. Chi avrebbe mai avuto il coraggio di festeggiare in sua assenza, proprio lei che rischiarava le tenebre e permetteva alle piante e agli esseri viventi di crescere forti e rigogliosi? Si sollevò con cautela e, avvicinatasi all'ingresso dell'antro, ficcò la testa fuori dal nascondiglio. Quando il suo sguardo vitreo si poggiò sulla danza spensierata di Ame-no-Uzume, subito domandò:

«Voi, mi spiegate perché mai siete così felici?»

«Beh, stiamo esprimendo la nostra gioia! Finalmente è stata creata una divinità ancora più luminosa di te. Ha rischiarato i nostri cuori e ha permesso al Sole di brillare alto nel cielo...» - ribatté qualcuno furbescamente.

Amaterasu non riusciva a credere ai suoi occhi e alle sue orecchie. Chi l'aveva battuta in forza e utilità? Subito uscì dalla cavità rocciosa per incontrarsi faccia a faccia con colui o colei ch'aveva osato rimpiazzare la sua presenza. E in effetti, nei pressi del grande albero intravide una sagoma luminosa che brillava di luce propria, irrorando i rami degli alberi e il volto dei compagni divini. Non poteva immaginare, la povera Amaterasu, che la dea misteriosa fosse proprio lei, ma riflessa nello specchio di rame di Omoikane. Quando si accorse del tranello era ormai troppo tardi: qualche divinità prestante e virile aveva già sbarrato l'ingresso alla tana oscura, mentre un altro dio l'aveva acciuffata come si fa con i conigli che cercano di scappare dalle grinfie dei cacciatori. Pur dimenandosi debolmente, Amaterasu rimase colpita dall'ingegno dei suoi simili e prestò ascolto alle loro preghiere.

«Abbiamo bisogno di te, della tua luce e della tua forza...» - gridò qualcuno, inginocchiandosi ai suoi piedi.

«Non puoi abbandonarci. Siamo la tua famiglia e dipendiamo dal tuo regno, Amaterasu!» - fece eco qualcun altro.

«Cosa aspetti? Torna nel tuo palazzo e fidati di noi. Sappiamo quel che ha fatto Susanoo e siamo disposti a tutto pur di fargliela pagare. Lo cattureremo con il tuo aiuto e, dopo avergli imposto una multa salatissima, gli strapperemo via le unghie delle mani e dei piedi affinché non commetta più simili violenze!» - spiegò Omoikane, tronfio della sua trovata.

Punito e svergognato, Susanoo stabilì di recarsi nel regno dei morti – il luogo in cui era stato bandito dal padre Izanagi. Tuttavia, prima di mettersi in viaggio, il dio delle tempeste lamentò di essere molto affamato e si recò dalla divinità Ukemochi

- letteralmente *Colei che Protegge il Cibo* – per ricevere assistenza. Costei era al contempo figlia e sorella di Izanagi e Izanami, nonché nota per il carattere empatico, dolce e mansueto. Alla vista del nipote non poté fare a meno di commuoversi e di preparare subito il cibo che il giovane dio chiedeva penosamente. Dopotutto, essendo Ukemochi la dea del cibo, era in grado di produrre qualsiasi prelibatezza con la sola forza dello stomaco. In pochi secondi, estrasse dalla bocca turgida, dal naso appuntito e dalle natiche abbondanti molteplici prelibatezza da leccarsi i baffi.

«Sei folle! Vuoi davvero che io mangi questo cibo contaminato, uscito dal tuo posteriore come una secrezione? Hai intenzione di avvelenarmi, Ukemochi?» - gridò il dio della tempesta, inviperito e aggressivo. Senza aspettare una risposta, estrasse dalla fondina la sua lunga spada affilata e fece a pezzi la povera Ukemochi. Dal corpo disgregato della povera dea vennero generati fiumi di riso e di grano in abbondanza, ma anche fagioli e baco da seta. Assai diversa è la versione del mito tramandata dal *Nihon Shoki* secondo cui sarebbe stato il secondo figlio di Izanagi, il dio della luna Tsukuyomi, a uccidere *Colei che Protegge il Cibo*. Quando Amaterasu venne a scoprire il terribile delitto familiare, bandì il fratello da qualsiasi attività diurna e promise che non avrebbe più posato i suoi occhi sul volto dell'assassino – motivo per cui la Luna compare di notte quando il Sole è già assente.

Capitolo 5

Il viaggio di Susanoo nello Yomi

Mio caro lettore, mia cara lettrice, le avventure di Amaterasu, Susanoo e i suoi compagni non sono ancora giunte al termine. La tradizione nipponica è un mix di leggende e miti dalla forte carica simbolica, relativi non soltanto alla diffusione della tecnica agricola e dell'arte militare, ma anche alla creazione di un orizzonte religioso coerente e tramandabile alle generazioni future. Di conseguenza, quando il turbolento ed esiliato Susanoo decise di raggiungere la madre nell'Oltretomba, si diresse in direzione del fiume Hi e, seguendone il corso per lunghi giorni di cammino, raggiunse una radura arida e brulla. D'improvviso, un pianto insistente e singhiozzante raggiunse le due orecchie; apparteneva forse a due creature distinte che, insieme, si disperavano. Incuriosito, il dio della tempesta virò dalla strada maestra e pensò di andare a vedere. S'imbatté dunque in due anziane divinità strette attorno al corpo di una bellissima giovane.

«Perché mai vi disperate in questo modo?» - chiese.

«N-noi un tempo avevamo otto bellissime figlie, ma adesso ci è rimasta soltanto la nostra pura e dolce Kushi-nada-hime» - disse il vecchio.

«Perché mai?» - domandò Susanoo.

La divinità femminile prese la parola: «Ogni anno, caro sconosciuto, un terribile drago reclama una delle nostre piccole fanciulle. Quest'anno è tempo della sua ultima, spietata visita. Ucciderà la povera Kushi e noi non avremo più motivo di gioire. Soltanto la morte metterà fine alle nostre terribili sofferenze... *Sigh!*»

Susanoo non se lo fece ripetere due volte.

«Ci penserò io al vostro drago, non temete. Kushi sarà sana e salva alla fine di questa brutta storia...» - esclamò, sollevando il mento con aria di trionfo. Il motivo di tanto zelo non risiedeva né nel desiderio di battersi con il mostro terrestre né nella pietà che provava per i due interlocutori. In cuor suo, il dio della tempesta desiderava sposare la bella Kushi col lasciapassare delle due vecchie divinità genitoriali. *La visita a Izanami poteva ovviamente attendere.*

«Qual è l'aspetto della creatura?» - domandò, i due numi sollevavano in aria gridolini di piacere ancora intervallati da singhiozzi incontrollabili. *Oh, come dovevano essere provati dal terrore di dover sacrificare al carnefice la loro ultima, meravigliosa figlia!* Susanoo apprese, dunque, che il dragone era un mostro di dimensioni considerevoli dotato di otto teste e di otto code irsute. «Le sue dimensioni, coraggioso Susanoo, superano in altezza otto montagne innevate, mentre la sua ombra copre senza indugi la superficie di otto ampie vallate». La più anziana delle due divinità spiegò, inoltre, che il dorso dell'animale era ricoperto da arbusti, cipressi e vegetazione di vario genere, mentre le squame del corpo erano sommerse da caldo sangue rappreso.

Susanoo non si fece impressionare. Sebbene fosse consapevole di non avere alcuna chance di sconfiggere il proprio nemico con la sola forza fisica, aveva dalla sua il potere e l'acutezza dell'intelletto. Facendosi aiutare dai tre disgraziati, dettò a memoria il procedimento di distillazione che permetteva di creare un potente *saké*. Il liquore venne opportunamente travasato negli otto vasi più capienti della fattoria e, successivamente, risposto in prossimità delle finestre della possente palizzata che il dio della tempesta aveva eretto in qualche ora di lavoro. Infine, i quattro si misero in attesa. All'improvviso, passi tanto pesanti da provocare spaventose scosse di terremoto risuonarono nell'aria placida della sera. Il mostro veniva a riscuotere il suo dolce, succulento bottino!

Tuttavia, il dolce aroma del nettare catturò immediatamente la sua attenzione. Stregato dal profumo dell'intruglio di Susanoo, bevve con alacrità le otto coppe, ognuna delle quali con una testa diversa. Il liquore gettò il mostro in uno stato di confusione alcolica. Assonnato e incapace di portare a termine lo spietato proposito di cattura, si addormentò col corpo appoggiato alle architravi della palizzata realizzata dall'ingegnoso Kami della Tempesta. Fu proprio in quel momento che Susanoo balzò fuori dalla porta laterale della casupola, stringendo in pugno la robusta spada. S'abbatté con forza sul nemico; improvvisamente, il fiume Hi ch'egli aveva costeggiato nel corso del lungo viaggio si tinse di rosso scuro, mentre le acque limpide si mescolavano ai fluidi densi del dragone fatto a brandelli. Nonostante la sua supremazia sulla creatura, Susanoo continuava a infilare la lama della spada nella carne docile del mostro. Infine, nel momento in cui si apprestava a mozzare la sesta coda dell'animale, l'arma millenaria cozzò contro un materiale estremamente duro e, con sommo stupore di Susanoo, si spezzò esattamente nel mezzo.

Il Kami si affrettò a scavare con le mani la carne morbida del mostro e – *sorpresa!* – trovò all'interno del cadavere nemico una seconda spada. La sciacquò con accortezza nelle acque del fiume Hi e riconobbe l'intarsio che, a propria volta, era stato stretto tra le mani di sua sorella Amaterasu. Era quella l'arma che la dea dei cieli aveva lasciato cadere sulla Terra prima di rifugiarsi nella caverna oscura, gettando il mondo nel buio e nella disperazione. Susanoo la restituì prontamente alla legittima proprietaria e – lieto di aver mantenuto la parola data – sposò la bellissima fanciulla della prateria. La leggenda nipponica narra che l'arma leggendaria di Amaterasu sia conosciuta col nome di Kusanagi, *Colei che taglia l'Erba,* in onore dell'eroe Yamato Takeru di cui ti invito ad approfondire le vicende. Il buon Susanoo, dal conto suo, giacque con la fanciulla Kushinada prima di raggiungere la madre nell'Oltretomba e diede alla luce una prole di cinque, robusti figli.

Le vicende di Okuninushi e degli ottanta fratelli
Gli anni trascorsero serenamente. I cinque figli di Susanoo ebbero a propria volta una ricca dinastia di discendenti animati dal carattere impetuoso e burrascoso del padre, nonché dalla dolcezza e dalla bellezza della regina Kushinada. Infine, venne il turno di Okuninushi, appartenente alla sesta generazione. Pur avendo ottanta fratelli, era considerato il meno talentuoso e coraggioso della stirpe. La numerosa famiglia viveva nella regione di Suga, sebbene i figli maschi fossero soliti viaggiare in lungo e in largo per le terre nipponiche alla ricerca di mostri da uccidere e di giovani donne da salvare. Un giorno, gli ottanta consanguinei si riunirono in occasione di un evento molto speciale: partirono al mattino presto per chiedere in sposa la principessa Yakata, la quale abitava in cima a un alto promontorio. Dal momento che nessuno considerava il povero Okuninushi meritevole dell'attenzione regale, si convenne ch'egli avrebbe trasportato i bagagli e si sarebbe occupato del pesante carico di provviste. Col capo chino, Okuninushi ubbidì. Lo scorrere degli anni, infatti, lo aveva reso mansueto e accondiscendente. Sapeva

bene che i fratelli nutrivano aperte ostilità nei suoi riguardi, e proprio per questo motivo temeva di essere vittima di qualche bieco attentato che gli sarebbe costato caro la vita. Mentre il gruppo di consanguinei avanzava sotto il timido sole di mezzodì in una gelida giornata d'inverno incappò in una creatura spelacchiata e apparentemente indifesa. Qualcuno si avvicinò meditabondo, tenendosi a debita distanza da quell'animale ripugnante: si trattava a ben vedere di un coniglio scuoiato in modo brutale. La malcapitata bestia tremava per la paura e per il freddo. I fratelli dal cuore di pietra si fecero beffe della vittima indifesa e gli consigliarono di testare un metodo 100% collaudato che avrebbe garantito all'animale di sfoggiare un manto nuovamente morbido e tiepido.

Il giovane più spietato ghignò: «Perché non provi a immergerti nell'acqua salata del mare, mio caro amico? Vedrai che il vento fresco lenirà le tue ferite e ti restituirà forza e prestanza. Fidati di noi umani!»

La bestia, ignara della crudeltà dei suoi interlocutori, eseguì. Quando Okuninushi raggiunse la vallata in cui i fratelli avevano da tempo abbandonato l'animale – il chiudi-fila procedeva infatti molto lentamente dal momento che trasportava le provviste per gli ottanta consanguinei – si ritrovò dinanzi a uno spettacolo che gli spezzò il cuore a metà. Il coniglio era coperto di sangue e di piaghe. Agonizzante e piagnucolante, invocava pietà. Subito Okuninushi si chinò sull'animale e gli chiese il motivo di una tale sofferenza.

«Un tempo vivevo su un'isola solitaria. Volevo tanto raggiungere la vallata per ricongiungermi con la mia stirpe. Allora chiamai a gran voce il coccodrillo che abita negli abissi e gli dissi che la famiglia dei conigli è di gran lunga più numerosa della sua. Lui mi rispose che no, non era vero. Allora gli chiesi di dimostrarmi le sue ragioni. Egli chiamò tutti i suoi fratelli e li mise in fila, uno di fianco all'altro, affinché io potessi contarli e rendermi conto del mio errore. Per aiutarmi nella conta saltai sulla schiena di ogni animale, finché non arrivai sulla costa di questo promontorio. Il mio piano aveva funzionato alla perfezione: i coccodrilli mi avevano aiutato ad attraversare indenne le profondità del fiume. Non so nuotare io...» - soggiunse con aria addolorata, mentre un rivoletto di sangue gli colava giù dalla testolina. Poi deglutì e continuò il suo racconto. «Ma sono stato ingenuo, disgraziato che non sono altro! Proprio nel momento in cui era a un passo dalla costa, non sono riuscito a trattenermi e ho rivelato a quei mostruosi rettili il mio piano ingegnoso. L'ultimo coccodrillo reagì in modo inaspettato e, senza pensarci due volte, mi ha colpito con le sue mascelle e con i suoi denti appuntiti. Il suo morso è stato così violento da strapparmi tutta la pelliccia candida che usavo per riscaldarmi dal freddo. Come se non bastasse, la sfortuna non viene mai sola… Gli dèi mi stanno forse punendo per la mia arroganza!»

«Cos'è successo? Racconta!»

Okuninushi aveva poggiato a terra i grossi fardelli dei fratelli e si era chinato sull'animale per proteggerlo dal vento freddo e per udire le sue flebili parole.

«P-poco fa mi sono imbattuto in un gruppo di tantissime divinità. Ho chiesto loro aiuto, e per tutta risposta mi hanno suggerito di immergermi nell'acqua del mare affinché il sale curasse le mie ferite. Ma adesso mi sono riempito di piaghe sanguinose e non so più come uscire da questo pasticcio! Preferisco quasi morire, piuttosto che agonizzare in questa terra di nessuno!» - concluse il coniglio, socchiudendo gli occhi in segno di resa.

«Corri, mio sfortunato amico. Vai a bagnarti immediatamente nelle acque dolci del ruscello e vai a stenderti tra i petali dei fiori bianchi» - ribatté Okuninushi, indicando con un gesto della mancina la collina più colorata e adorna del promontorio. «Fai in modo che i petali aderiscano al tuo corpicino sofferente. In questo modo otterrai un manto molto simile a quello che la Natura ti ha donato alla nascita, e subito ti sentirai come rigenerato». Il coniglio seguì i consigli del buon fratello e subito, dopo essersi coperto di una pelliccia calda e morbida, tornò a saltellare contento nei prati.

«Oh, mi hai salvato! Il tuo consiglio mi ha restituito la vita! Anche se sei l'ultimo della combriccola di divinità e porti soltanto il cibo degli altri Kami, sei senza dubbio il più onesto e meritevole del gruppo. Stai andando dalla principessa, vero?»

«S-sì» - rispose il giovane, abbassando lo sguardo con aria un po' imbarazzata.

«Beh, allora non potrà che scegliere te come suo sposo. I tuoi crudeli consanguinei non meritano la mano della più bella di tutta la regione!»

Con sommo stupore dei presenti, gli eventi presero la piega che aveva predetto il buon coniglio. La principessa decise di sposare Okuninushi, e subito il fratello dal cuore d'oro attirò su di sé l'invidia della propria stirpe. Le dicerie cominciarono a correre circolare di bocca in bocca, a passare di orecchio in orecchio e tutti gli ottanta fratelli furono concordi nel liberarsi una volta per tutte del fortunato ch'aveva preso in sposa la principessa. Un bel giorno, dunque, quando le nozze erano ancora nel bel mezzo dei preparativi, qualcuno bussò alla porta di Okuninushi per invitarlo a partecipare a una battuta di caccia.

«Passeremo un po' di tempo in famiglia, come ai vecchi tempi» - sussurrò con voce melliflua il più bugiardo dei fratelli. Okuninushi non se lo fece ripetere due volte. Indossò le sue vesti migliori e, dopo essersi ricongiunto con la comitiva, decise di attendere i consanguinei a valle.

Prese la parola il più forzuto di tutti: «Fratello, caro fratello, forse non sai che su questa montagna abita un cinghiale temibile. Una creatura di colore rosso. Noi ci inerpicheremo sulla sommità per stanarla e per spingerla in tua direzione, a valle. Non vogliamo mettere a rischio la tua vita da futuro principe, motivo per cui tu ci attenderai qui. Quando la bestia ti avrà raggiunto, intrattienila quel poco che basta affinché noi torneremo da te e la uccideremo alle spalle. Tutto chiaro?» - spiegò.

Il buon fratello non parve rendersi conto del tranello a cui era destinato. Acconsentì e si sedette ai piedi di un albero in attesa di veder comparire il cinghiale dal pelo fulvo. Tuttavia, i consanguinei sapevano bene che nessun animale abitava sulla sommità del dirupo. Si procurarono, invece, un enorme masso e gli diedero fuoco con una torcia. Infine, lo spinsero giù per la discesa affinché colpisse il malcapitato Okuninushi in attesa.

Quando la roccia acquisì velocità e divenne ben presto una terribile sfera infuocata di colore rosso scarlatto, il buon dio non riconobbe la differenza tra la trappola dei crudeli fratelli e la creatura che le era stata descritta. Così, sollevandosi sulle gambe e mettendosi in posizione per immobilizzare la bestia, rimase piuttosto schiacciato sotto il peso della roccia. Morì di ustioni e fratture, in preda ai più atroci dolori.

Dall'alto della vetta, i consanguinei della vittima scoppiarono in risa e grida di gioia, abbracciandosi tra loro soddisfatti della geniale trovata. Ben diverso fu il giudizio della dea Kami-musubi. Nel ricco pantheon nipponico, la dea femminile viene infatti ricordata col nome di Spirito Generatore. Antica e potente, era la madre di Okuninushi e dei suoi fratelli. Versando calde lacrime, si procurò due conchiglie marine per riportare in vita l'amato figlio: il promesso sposo della principessa riaprì immediatamente gli occhi, sollevandosi lentamente sulle gambe che tremavano per il dolore patito per mano dei fratelli. Si guardò intorno spaesato. Aveva l'impressione di essersi risvegliato da un lungo sonno generatore, e che la realtà attorno a lui fosse avvolta da un sottile velo di mistero.

«D-dove sono? Cos'è accaduto?» - biascicò debolmente sotto lo sguardo attonito e contrariato dei malvagi consanguinei. Costoro sradicarono un albero centenario e – dopo averne cavato il tronco – chiusero il malcapitato dio all'interno della trappola lignea, uccidendolo con violenza una seconda volta. La madre di Okuninushi intervenne nuovamente e soffiò il vento caldo della vita nei polmoni della sua progenie. Quando gli ottanta fratelli si resero conto della resurrezione di Okuninushi, lo inseguirono nel fitto della foresta armati di archi e di spade affilate. Pensavano, infatti, che se fossero riusciti a trucidare il corpo del fratello e a smembrarlo in mille pezzi, neppure la loro madre sarebbe riuscita a restituire dignità e calore a quell'insieme scomposto di arti, dita e interiora. Ma Okuninushi aveva finalmente compreso le intenzioni dei suoi famelici interlocutori e si spinse nella profondità del bosco con l'intento di liberarsi degli inseguitori.

Fu allora che Kami-musubi fece la sua comparsa.

«Figlio mio, cosa ci fai ancora qui? Non smetteranno mai di darti la caccia, e io non potrò assisterti in eterno. Mettiti alla ricerca di protezione da parte di una divinità che loro temono alla follia, e allora sarai libero di condurre la tua vita senza preoccupazioni! Scendi nell'Oltretomba e chiedi di parlare con Susanoo».

Le prove di Okuninushi e la discesa nello Yomi
Okuninushi obbedì. Tuttavia, quando venne ricevuto dal Kami della Tempesta, rimase folgorato dalla bellezza della figlia Suseri, la quale sedeva compostamente

al fianco del padre. La giovane donna sembrò ricambiare gli sguardi complici – nonché ardenti di desiderio – che il fuggiasco continuò a lanciarle nel corso della permanenza nello Yomi. Infine, dopo mesi di avances, i due decisero di convolare a nozze. Ma nell'istante esatto in cui Susanoo ricevette l'inaspettata notizia, si oppose fermamente al sentimento della figlia. Credeva, infatti, che l'ultimo arrivato nell'Oltretomba non si era dimostrato degno di chiedere la mano di Suseri.

Okuninushi si oppose al volere del Kami e si disse disposto a compiere qualsiasi gesto pur di giacere con la propria amata. E così, il furbo Kami della Tempesta lo invitò a trascorrere un'intera notte in una cavità sotterranea infestata da serpenti aggressivi, forti e velenosi.

«Me ne libererò presto!» - disse tra sé e sé il vecchio Susanoo. Tuttavia, l'orecchione fine della figlia captò le parole del padre e - prima che l'amato sparisse dalla sua vista per l'ultima volta – gli consegnò una lunga benda intrecciata a mano.

«Avvolgila intorno al tuo bel corpo, Okuninushi».

Il giovane eseguì. Coprì il braccio destro con il dono consegnatogli dell'amata. Quando giunse all'ingresso della caverna, trovò impossibile compiere anche soltanto un passo nell'oscurità. Ovunque, infatti, lunghe code di serpi si agitavano debolmente, sibilando e fremendo al minimo soffio d'aria. Con la fronte imperlata di sudore, Okuninushi notò che alcune teste di rettile si erano voltate in direzione dell'ultimo arrivato. Nutrendo fiducia nel giudizio della futura sposa, agitò in maniera sinuosa la benda che portava con sé. Gli animali distolsero rapidamente l'attenzione, e Okuninushi si addormentò in mezzo ai predatori senza entrare in contatto con il letale veleno stillato dalle loro zanne.

La notte seguente la prima prova, Susanoo impose al malcapitato Okuninushi di trascorrere del tempo in una seconda caverna infestata da insetti.

«Lo pungeranno e divoreranno la sua pelle. Quando la mia bimba si renderà conto di essere la promessa sposa di un mostro, finalmente cambierà idea a riguardo» - sussurrò Susanoo nell'oscurità del Regno dei Morti. Tuttavia, la giovane Suseri si rivelò ancora una volta più astuta del padre. Consegnò allo spasimante una lunga sciarpa cucita a mano dalle sue damigelle.

«Usala per diventare simile a un lombrico o a un millepiedi, e produci con la bocca il ronzio di mille vespe. Nessun insetto di renderà conto della tua presenza»

E così accadde. Il dio s'intrufolò nei meandri della Terra, lì dove migliaia di zampette brulicanti e di pungiglioni assetati di sangue pregavano per conficcarsi nella carne fresca di un dio immortale. Con sommo disappunto del Dio della Tempesta, il promesso sposo di Suseri si era rivelato non soltanto audace, ma anche evidentemente immune al veleno degli esseri viventi. Di conseguenza, Susanoo organizzò un ultima prova mortale. Dopo aver scavato con l'unghia un foro circolare sulla superficie di un piccolo osso, lo legò a una corda e lo lanciò nello Yami con quanta forza avesse in corpo. L'artefatto artigianale produsse un fischio generato dal passaggio del vento nella cavità centrale.

«Vai a prenderlo» - ingiunse Susanoo.

Okuninushi si ritrovò nei pressi di una prateria brulla e ingiallita dall'aridità delle stagioni. La freccia realizzata dal Kami della Tempesta si era conficcata nel terreno. Ma prima che il dio potesse chinarsi per raccoglierla e consegnarla al legittimo proprietario, Susanoo appiccò il fuoco a un cumulo di sterpaglie ammassato appositamente per l'occasione. Le fiamme si propagarono a vista d'occhio, circondando Okuninushi su ogni lato. Egli sarebbe perito di atroci ustioni se soltanto un topolino non avesse fatto capolino dalle profondità del terreno, invitando a seguirlo in una cavità scavata da chissà quale creatura benevola. Mentre la potenza del fuoco inceneriva foglie e rametti, steli d'erba e alberi, Okuninushi attendeva con impazienza che l'intervento di Susanoo volgesse al termine.

«Mio caro amico, mi hai salvato la vita. Eppure, avrei potuto sposare la donna che amo soltanto se avessi riportato un osso incavato e legato a uno spesso cordiglio. Ma sai, non ho chance: le fiamme avranno senza dubbio divorato anche il mio pegno d'amore» - rivelò al topo che l'aveva tratto in salvo.

Il roditore non diede segnali di rassegnazione. Senza rivolgere la parola a Okuninushi, s'insinuò rapidamente tra i cunicolo della sua tana sotterranea.

Infine, tornò indietro stringendo tra i dentini affilati proprio il dardo che Susanoo aveva realizzato per la prova.

«Ti riferisci a questo strano oggetto? I miei figli l'hanno trovato nella radura e l'hanno portato nella nostra tana. Ma se è così importante per te, prendilo. Meriti di essere felice!» - squittì il topolino.

Okuninushi si precipitò al cospetto di un Susanoo ormai illuso di essersi liberato del rivale. Suseri si strappava i capelli e si disperava ai piedi del Kami della Tempesta, consapevole della terribile fine di Okuninushi. Ma quando udì un rumore di passi e sollevò lo sguardo, posò gli occhi gonfi di lacrime sul volto compiaciuto del futuro sposo e subito si ricompose. Susanoo osservò l'interlocutore con aria di sfida.

«Sei più abile e sveglio di quanto pensassi. Sangue del mio sangue, dopotutto. Vieni, sei liberi di entrare nella mia dimora e di sedere insieme a me. Ti chiedo soltanto di aiutarmi a togliere i parassiti che si nascondono nei miei lunghi capelli. Saresti così gentile?»

In cuor suo, Susanoo aveva già ideato un piano crudele per sbarazzarsi definitivamente dell'annoiante discendente. Per quanto disgustato dal primo compito assegnatogli dal Kami della Tempesta, Okuninushi annuì con fermezza. Riteneva, infatti, che la richiesta dell'interlocutore fosse un evidente segnale di fiducia e di stima reciproca. Ma Suseri conosceva bene i trabocchi con i quali il padre piegava al proprio volere le vittime più ingenue e accondiscendenti. Si avvicinò a Okuninushi e ancora una volta lo mise in guardia. Infine, mise nelle tasche del futuro marito una manciata di bacche che Okuninushi avrebbe dovuto mangiare durante la notte, in presenza di Susanoo.

L'ultimo arrivato nelle piane oscure dello Yomi non se lo fece ripetere due volte: si mise in bocca i frutti miracolosi e si avvicinò alla chioma lunga e scompigliata del Kami della Tempesta. Quest'ultimo, infatti, non ospitava indifesi pidocchi da uccidere con la sola forza delle dita, ma lunghi e temibili millepiedi che camminavano sul capo ossuto. Okuninushi si mise alla ricerca delle bestiole e rimase profondamente impressionato da quella nauseabonda scoperta. Tuttavia, ancora più impressionato fu Susanoo che – udendo il rumore dei semi delle bacche masticati da Okuninushi – pensò che l'interlocutore avesse maturato il proposito di divorare i millepiedi, proprio come gli era stato ordinato.

Stupito dal coraggio e della determinazione del discendente, il Kami della Tempesta decise di mettere temporaneamente da parte le ostilità e, cullato dalle carezze ritmiche delle dita di Okuninushi sul suo capo, si addormentò. Non appena Susanoo cominciò a russare profondamente, il giovane sposo passò all'azione. Non soltanto legò le lunghe e aggrovigliate ciocche del rivale ai pilastri del palazzo, ma rubò anche gli artefatti preziosi del dio. Primo tra tutti, la Spada della Vita *Ikutachi* e il Koto Celestiale *Amenonori-goto*, una sorta di arpa estremamente popolare pressi i popoli del sud-est asiatico. Non contento, mise le mani anche sull'Arco e sulle Frecce della Vita tramandate ai posteri col nome di *Ikuyumiya*.

Infine, raggiunse la stanza privata di Suseri e la invitò a lasciare la dimora oscura del padre in sua compagnia. Costei acconsentì, ma convinse l'amato a sigillare le porte della dimora affinché il tutore non potesse attirare l'attenzione dei servitori, liberarsi e mettersi alla ricerca dei due fuggiaschi. Infine, la coppia partì alla volta di terre lontane.

Quando il Kami della Tempesta si risvegliò dal sonno generatore al quale era stato indotto dalle carezze di Okuninushi, venne immediatamente assalito dal sospetto di essere stato tratto in inganno e cercò invano di correre fuori dalla porta del palazzo per raggiungere la camera della figlia. Tuttavia, i suoi lunghi capelli erano legati con forza; la potenza dello strattone fu tale da far collassare le fondamenta del palazzo. Susanoo rimase così schiacciato dalle pesanti mura della lussuosa abitazione nell'Oltretomba. Il Kami si fece strada tra le macerie, sollevando a mani nude massi delle dimensioni di antichi templi nipponici. Infine, raggiunse la superficie nell'esatto momento in cui Okuninushi e Suseri correvano in direzione della luce terrestre, carichi dei tesori che un tempo gli erano appartenuti di diritto.

Incredulo e, al contempo, colpito dal coraggio e dall'astuzia dimostrati del rivale, Susanoo gridò con quanto fiato aveva in gola: «Okuninushi parlo con te: serviti dei miei artefatti magici per uccidere a uno a uno tutti i tuoi ottanta fratelli e prendi Suseri come moglie principale. Solo così diventerai il Signore del Grande Paese che prende il nome di Giappone».

Okuninushi seguì alla lettera i consigli impartitegli dal nemico. E in effetti, la traduzione letterale del suo nome divino significa, per l'appunto, Signore del Grande Paese. Nonostante fosse molto prolifico e avesse rivestito il ruolo un tempo occupato Izanami e Izanagi, fu estremamente ragguardevole nei confronti della sposa. Non è un caso che la principessa Yakami presa in moglie sulla sommità della montagna rimase folgorata dal potere della sua rivale e, dopo aver dato alla luce un solo figlio, si ritirò con lui a vita privata, fuggendo nei boschi per timore di scatenare l'invidia e l'ira di Suseri.

Il regno del Signore del Grande Paese

Gli anni passarono in fretta. Okuninushi si calò a tal punto nel ruolo di regnante da trascorrere lunghi giorni e lunghe notti lontano dal focolare domestico, incrementando la pena e la preoccupazione di Suseri. Egli avrebbe tanto voluto condividere la propria esperienza di sovrano indiscusso con un fedele consigliere o con una figura divina capace di mantenere l'equilibrio cosmico, ma nessun pretendente si dimostrava all'altezza. Stanco e irritabile, un giorno incappò in un essere vivente che non aveva mai incontrato prima. Lo vide arrivare da lontano a bordo di una zattera di fortuna, vestito soltanto di piume d'oca o probabilmente di penne di passero. Subito si avvicinò alla creatura con aria guardinga.

«Chi sei? Da dove vieni?»

L'altro non rispose.

«Perché non parli?»

L'ultimo arrivato sembrava incapace di articolare suoni. Okuninushi cominciò a interrogare le altre divinità della sua terra nel tentativo di scoprire l'identità del misterioso interlocutore. Tuttavia, nessun Kami aveva mai sentito parlare dello straniero che, giunto da lontano, osava mantenersi in silenzio dinanzi alle domande del Signore del Grande Paese.

Infine, fu il turno del rospo. Egli gracidò un'idea e subito invitò Okuninushi a seguire il suo saggio consiglio.

«Mio Signore, non è forse il caso d'interpellare il dio degli spaventapasseri Kuyebiko? Sebbene sia sempre immobile nella sua posizione originaria, egli osserva ogni manifestazione naturale con occhio vigile e accorto. Mettiti in contatto con lui, e sicuramente scoprirai qualche informazione in più sul tuo ospite misterioso».

Okuninushi si recò dal Kami Spaventapasseri. Quest'ultimo gli rivelò prontamente che la creatura giunta da lontano non era altri che Sukunabikona, figlio di Kami-musumi e Takami-musubi. La vicenda narra che, appena nato, Sukunabikona era stato tanto piccolo e mingherlino da scivolare accidentalmente dalle dita della madre e di smarrirsi nelle profondità della Terra. Intimorito e, al contempo, incuriosito da quell'inedita rivelazione, il Signore del Grande Paese si mise in contatto con Kami-musumi per chiedere conferma. Costei non negò la versione del Kami Spaventapasseri, anzi, condivise con l'amato figlio un'ottima notizia. Il piccolo Sukunabikona avrebbe cooperato con lui al fine di debellare le malattie dall'universo e di mantenere l'armonia del cosmo.

Subito Okuninushi riconobbe in Sukunabikona il fratello smarrito in tempi lontani e lo depose sul palmo della mano allo scopo di portarlo sempre con sé. Tuttavia, quando il lavoro di purificazione del Giappone venne brillantemente portato a compimento, il piccolo Sukunabikona decise di tornare nella propria terra d'origine e di abbandonare ancora una volta la sua famiglia. La partenza del consigliere per eccellenza lasciò un vuoto incolmabile nel cuore di Okuninushi – il quale si era sempre distinto tra i fratelli crudeli in virtù della sua iper-sensibilità. Colto da un attimo di disperazione, si rivolse in preghiera alle manifestazioni della natura: «Vi chiedo, Kami che mi circondate da ogni lato, esiste forse un'anima gemella che sia disposta a sostenermi nei miei obblighi di Signore del Grande Paese?».

Okuninushi rivolse uno sguardo afflitto al mare dal quale, mesi prima, era giunto il piccolo Sukunabikona. Per la seconda volta, un bagliore lontano catturò la sua attenzione. L'aura era in rapido avvicinamento. Il cuore della divinità cominciò a battere all'impazzata.

Forse che...?

All'improvviso, una voce familiare e allo stesso tempo estranea raggiunse le orecchie del Okuninushi in trepidante attesa.

«Non preoccuparti. Grazie al mio aiuto hai portato a termine i difficili compiti che ti sono stati assegnati, e proprio in virtù della mia silenziosa presenza continuerai a fare del tuo meglio per il Giappone e per la Terra intera»

«C-chi sei?»

«Io sono la tua anima fortunata, la *saki-mitama*. E ti dirò di più: rappresento anche la tua anima meravigliosa, la *kushi-mitama*».

Mio caro lettore, perdonerai l'interruzione della narrazione sul più bello ma, nei panni di autore, sono obbligato a contestualizzare la tradizione antica dei Kami nipponici. Secondo gli scritti shintoisti, ogni essere vivente (divinità incluse) sarebbe stato caratterizzato dalla *compresenza* e dalla *compenetrazione* di due spiriti diversi: il primo *(ara-mitama)* avrebbe attitudini violente, bellicose e aggressive nei confronti della Natura e dell'ordine cosmico, mentre il secondo *(nigi-mitama)* si distinguerebbe dalla controparte in virtù della sua indole pacifica, attiva e volenterosa. Di conseguenza, l'essere umano che si rivolge in preghiera al dio, è libero di ricondurre l'attenzione della forza sovrannaturale su uno dei due elementi summenzionati. L'anima saki-mitama è sinonimo di fortuna, benessere e prosperità. La kushi-mitama è manifestazione diretta dei poteri curativi attribuiti alla presenza dei Kami.

Quando Okuninushi fece finalmente la conoscenza delle due anime legate alla sussistenza e alla sicurezza del Grande Paese, subito si commosse e domandò loro dove volessero essere custodite. La voce misteriosa chiese di essere condotta sulla sommità del monte Mi-Moro, racchiusa all'interno di una quercia e di una roccia. Ecco svelato il motivo per cui, in accordo alla tradizione della Shintoismo e del Buddhismo, la presenza divina permane nelle manifestazioni dell'Universo. E a me piace pensare che ancora oggi l'anima di Okuninushi vegli sul Paese del Sol Levante, arrecando gioia e stabilità alle generazioni future.

Capitolo 6

La conquista del Grande Paese

Sotto il regno di Okuninushi, il Grande Paese si era rapidamente popolato di un'infinità di divinità della Terra. E in effetti, non soltanto il sovrano era estremamente prolifico, ma anche animato dal desiderio di preservare ogni specie naturale. Migliaia, milioni di Kami si erano rintanati nelle foglie e negli steli d'erba, nelle onde dell'acqua e nelle rocce che, accarezzate dal flusso dei fiumi, si trasformavano in ciottoli perfettamente levigati. Tuttavia, le divinità del cielo cominciarono a preoccuparsi per via della crescente espansione terrestre. Sotto di loro Okuninushi sorreggeva un sistema cosmico che faceva invidia agli spiriti della volta celeste. Per questo motivo, la vecchia Amaterasu invitò il figlio Ame-no-oshi-homimi – generato il giorno in cui Susanoo aveva masticato la collana di perle in prossimità del Ponte Celeste – ad armarsi di tutto punto per conquistare ciò che di bello era stato ottenuto sotto la reggenza di Okuninushi. Egli accolse la richiesta materna ma, avvicinandosi con cautela alla Terra, si rese conto che la situazione era di gran lunga sfuggita di mano. Dappertutto, animali e piante erano animati da vita propria. Il vento parlava una lingua sconosciuta, le onde borbottavano, le montagne si spostavano di regione in regione, e ogni manifestazione della Natura era posseduta da un Kami in fermento, intento a compiere una meravigliosa danza eterna.

Subito Ame-no-oshi-homimi fece ritorno dalla madre per spiegare qual era la situazione. Infine, si tirò indietro affermando di non avere un piano per mettere ordine in quel guazzabuglio terrestre. Amaterasu convocò allora il secondo figlio Ame-no-ho-hi e lo invitò a prendere posizione con la forza. Quest'ultimo cercò di tenere fede alla promessa fatta alla madre e, dopo essere disceso sulla Terra, fece sparire le proprie tracce per lungo tempo. Invano Amaterasu aspettava il rientro del messaggero dal suo palazzo incantato; nessuno sapeva più niente di lui, né i fratelli né gli osservatori che osservavano dal Ponte Celeste le stramberie del Grande Paese. Fu quindi il turno di Ame-no-waka-hiko al quale venne affidato un Arco Celeste corredato da una faretra di frecce molto appuntite. In questo modo, il Kami sarebbe stato in grado di difendersi, di salvare il fratello e di far valere la propria superiorità bellica.

Tuttavia, quando il giovane Ame-no-waka-hiko mise piede nel Grande Paese, incrociò lo sguardo di una giovane donna e, conquistato dalla sua bellezza, dimenticò ben presto la promessa fatta ad Amaterasu e si innamorò di lei. La fortunata era per l'appunto una delle tante figlie di Okuninushi. Quando Ame-no-waka-hiko scoprì la verità, decise subito di convolare a nozze con la propria dolce metà, maturando il proposito di diventare in futuro il Signore del Grande Paese per discendenza diretta. Trascorsero otto lunghi anni e Ame-no-waka-hiko sembrava aver ormai dimenticato le proprie origini. Tuttavia, Amaterasu era molto preoccupata per lo stato di salute del figlio e, dopo aver convocato il messaggero Ki-gi-shi, chiese al fagiano di raggiungere la Terra e di mettersi alla ricerca della progenie scomparsa. Il messo individuò dalla sommità del cielo la casa di Ame-no-waka-hiko e venne a conoscenza della triste verità in un battito d'ali: il figlio del Kami del Cielo aveva rinnegato la propria stirpe di origine e si era ricostruito una vita nel Grande Paese. Ma quando Ame-no-waka-hiko si rese conto della presenza silenziosa dell'osservatore, - il quale si era appollaiato sui rami di un albero - comprese di aver messo a rischio la sicurezza della propria famiglia. Così, dopo aver afferrato l'Arco Celeste donatogli dalla madre, trafisse il cuore del messaggero-fagiano con un colpo solo.

Il dardo venne scagliato con tanta potenza da trapassare l'animale da parte a parte, proseguendo la sua folle corsa in direzione del regno celeste. Lì, si conficcò ai piedi di Amaterasu seduta sul trono, circondata da nubi. Costei riconobbe immediatamente la foggia del legno e la consistenza della punta. Tuttavia, non poteva sapere se l'arma era stata usata per proteggersi da un nemico terrestre o per infangare la tradizione dei Kami celesti. Di conseguenza, pronunciò una maledizione con voce solenne e rispedì la freccia sulla Terra.

«Se questo colpo è stato usato da chi ha tradito la sua famiglia di origine, allora che costui possa morire all'istante!» - ordinò con occhi fiammeggianti di rabbia.

Nel momento in cui la punta della freccia si conficcò nel petto caldo di Ame-no-waka-hiko, il Kami traditore riposava beatamente al fianco della moglie. Costei venne svegliata dal rantolo agonizzante dello sposo; quando i suoi occhi si posarono sulla macchia di sangue che si estendeva senza sosta in ogni direzione, le grida di disperazione furono tali da raggiungere il regno di Amaterasu. E così, la Regina del Cielo comprese che il figlio era morto per causa del vile tradimento.

Quando la luce dei raggi solari penetrò nuovamente oltre le pareti del palazzo celeste, posandosi sul viso stanco e afflitto di Amaterasu, la Regina del Cielo convocò un'assemblea di emergenza e selezionò due Kami affinché si dessero man forte una volta atterrati nel Grande Paese. I prescelti erano conosciuti col nome di *Takemi-kazuchi* – la divinità bellicosa generata dal da Izanagi nel momento in cui quest'ultimo si era vendicato della divinità di fuoco colpevole di aver ustionato e ucciso Izanami – e un tale Ame-no-tori-bune. Letteralmente *Barca e Uccello Celeste,* Ame-no-tori godeva di grande stima presso la corte dei Kami superiori dal momento che fu proprio lui a organizzare i viaggi di colonizzazione in direzione delle isole nipponiche annesse al Grande Paese.

Come se non bastasse, anche Takemi-kazuchi aveva fatto molto parlare di sé. Il Kami di seconda generazione avrebbe infatti domato Namazu – l'enorme pesce gatto della tradizione sud-orientale che, secondo la leggenda, abitava al di sotto del territorio nipponico e amava causare terremoti o inondazioni con il potere della sua coda. Si racconta che un giovanissimo Takemi-kazuchi si conquistò il plauso della propria stirpe infilando nel ventre della creatura una pietra sacra di dimensioni mastodontiche. L'animale marino - inevitabilmente rallentato nei movimenti a causa del grosso carico – viene sorvegliato da Takemi in persona. Motivo per cui, quando Amaterasu lo pregò di abbandonare il proprio posto di guardiano e di prepararsi alla missione, Namazu tornò ad agitarsi immediatamente, provocando nuovi movimenti tellurici.

Arrivò il giorno della partenza. Takemi-kazuchi e Ame-no-tori-bune discesero nei boschi della Terra. Dopo essersi messi in cammino, raggiunsero un lembo di spiaggia sulla quale sedeva il Signore del Grande Paese. Okuninushi si accorse immediatamente delle due misteriose figure che, per dare prova della loro potenza, conficcarono le spade in prossimità delle rocce e si sedettero in equilibrio sulla punta, senza subire danni.

«Allora, parlate. Chi siete e cosa volete?»

«Amaterasu, la divinità del sole che riscalda il Grande Paese, ci ha domandato di farti visita per porti un'importante domanda: vuoi tu cedere il diritto della Terra ai Kami dei cielo, oppure vuoi combattere contro di noi per mantenere il tuo titolo di regnante? Vogliamo una risposta!» - ingiunse Takemi-kazuchi.

Okuninushi chinò il capo in maniera accondiscendente.

«Vi prego di concedermi del tempo per decidere. Ormai sono vecchio e prossimo al ritiro, ma saranno i miei figli a governare su questa Terra. Sono loro a cui dovete chiedere. Ma sarò io a parlare con loro affinché si possa trovare una mediazione e preservare l'ordine del cosmo».

Il Signore del Grande Paese convocò i discendenti. Il primo fu Yae-koto-shiro-nushi, il quale si era assentato per lunghi giorni per via di una lunga battuta di caccia. Quando il padre gli domandò di rivelare ai due Kami del cielo il proprio volere, costui rimase spiacevolmente impressionato dalla potenza e dallo sguardo battagliero dei messaggeri. Pensò, quindi, di ricorrere all'opzione più conveniente: «Fa pure che siano i Kami del Cielo a governare il Paese». Infine, compì un breve rituale di trasformazione e tramutò il proprio corpo in un cespuglio di bacche rosse.

Okuninushi si mise alla ricerca del secondo discendente, Takemi-nakata. Quest'ultimo aveva un temperamento burrascoso e iracondo. E in effetti, dopo essersi presentato all'incontro stringendo tra le mani un sasso di dimensioni gigantesche – tanto che non sarebbero bastati mille uomini nerboruti per sollevarlo, - invitò Takemi-kazuchi a confrontarsi con lui.

Il Kami del Cielo accettò la sfida e, prima di essere colpito dal rivale, si ricoprì di un sottile strato di ghiaccio per scivolare via dalle mani di Takemi-nakata. Il Kami della Terra provò a sferrare un secondo colpo, ma ancora una volta Takemi del Cielo mutò in un'affilatissima lama, la quale tagliò le mani del contendente in profondità. Egli cominciò a contorcersi dal dolore, ma il nemico celeste non si fece impietosire e, avvicinatosi a passi pesanti, spezzò il braccio dell'altro come si fa coi rami secchi del giunco.

Terrorizzato dall'incredibile forza dei due messaggeri di Amaterasu, il dio della Terra comprese che nessuno al mondo avrebbe potuto tenere a freno la milizia del Cielo. E così, volgendo le spalle al combattimento, si allontanò rapidamente in direzione del Lago Suwa, sulle cui sponde implorò Takemi-kazuchi affinché gli fosse risparmiata la vita.

«Lasciatemi vivere e farò proprio come mio fratello. Diventerò il Kami di questo lago e resterò imprigionato tra le onde animate dal vento, mentre voi sarete liberi di regnare su questa terra. Non lascerò mai più questo luogo, lo prometto. Ma ti prego di non uccidermi, mio abile rivale!»

Takemi-kazuchi non infierì sul corpo mutilato dell'avversario e se ne tornò dal Signore del Grande Paese. La battaglia si era conclusa.

«Entrambi i tuoi figli ci hanno accordato il permesso di regnare sulla Terra. Si sono arresi ai Kami del Cielo…» - soggiunse Takemi-kazuchi, soddisfatto della sua prova di forza.

«D'accordo, lo capisco. Ma ho una condizione per voi. La spiaggia sulla quale ci troviamo, a Izumo Taisha, verrà destinata alla costruzione di un enorme palazzo in mio onore affinché io possa ritirarmi dalla reggenza millenaria. Non interferirò col governo dei Kami celesti, ma osserverò il panorama marino nella più completa solitudine. In aggiunta, vi cederò formalmente tutte le manifestazioni naturali visibili, tangibili. Tuttavia, resterò il Signore di ciò che è invisibile e spirituale».

E in effetti, sebbene Okuninushi abbia ceduto il governo del Grande Paese ad Amaterasu e ai Kami celesti, rimane il padrone incontrastato di ciò che sta al di là delle apparenze. Ed è forse per questo che gode di grande rispetto presso la popolazione nipponica.

Capitolo 7

Il governo dei Kami del Cielo

Cominciò l'era dei Kami del Cielo. Amaterasu ricevette la notizia della conquista terrestre con somma gioia. I presenti batterono le mani e si complimentarono con Takemi-kazuchi e Ame-no-tori-bune. Subito la Regina solare invitò Ame-no-oshi-homimi a procedere con l'instaurazione del nuovo ordine cosmico. Tuttavia, per la seconda volta il dio si dimostrò incapace di tollerare la pressione emotiva derivante dalla carica di sovrano. Amaterasu rispettò il volere della progenie e invitò a insignire Ninigi di quell'importantissimo incarico. Costui era l'erede di Ame-no-oshi-homimi e di Takami-musubi. I Kami del Cielo accolsero con favore la proposta di Amaterasu, dal momento che riponevano moltissima fiducia nelle decisioni della sovrana e nel talento del loro comune nipote.

La partenza di Ninigi fu preparata con molta cura. All'improvviso, però, un dio terrestre dall'aspetto minaccioso e dallo sguardo fiammeggiante gli sbarrò la strada che conduceva alla Terra. Alto e possente, parve immediatamente un nemico da cui tenersi alla larga; non soltanto le sue spalle erano ampie e forzute, ma anche le dita delle mani erano ruvide frementi di rabbia. Ninigi si fermò, in attesa.

Nel frattempo, Amaterasu – che aveva seguito il viaggio del nipote dalla sommità del Cielo – intuì la difficile situazione in cui era finito Ninigi e invitò Ame-no-uzume a mediare tra i due silenziosi rivali. Costei era la stessa divinità che, già in passato, aveva danzato in prossimità della grotta oscura in cui il Kami del Sole si era ritirato per protestare contro i dispetti di Susanoo.

«So che tu non avrai paura di questo misterioso Kami della Terra» - esclamò Amaterasu.

E così fu. La divinità del Cielo raggiunse rapidamente Ninigi e si diresse con passo sicuro in direzione dell'avversario.

«Chi sei?»

«Sono *Saruta-hiko*. Mi è stato detto che un potente dio del Cielo discenderà lungo questo sentiero per insediarsi nel mio Paese. Eccomi, sono pronto a fargli da guida!»

Ninigi si tranquillizzò e accettò di buon grado il sostegno di Saruta-hiko. Non a caso, la tradizione nipponica vuole che quest'ultimo sia la divinità dei sentieri e dei bivi, dei viaggi e dei crocicchi. Amaterasu osservò soddisfatta l'insediamento del nipote e gli recapitò tre potenti doni divini affinché tutti i suoi discendenti mantenessero un contatto diretto con la stirpe dei Kami del Cielo. Non voleva, infatti, che la Terra tornasse a essere un luogo ostile, dominato dal caos e animato dall'incertezza. I tre artefatti furono rispettivamente uno specchio – lo stesso che i suoi consanguinei avevano usato per convincerla a lasciare la grotta in cui si era rifugiata, - la collana magatama consegnatole tempo addietro da Izanagi e la spada che Susanoo aveva estratto dalla coda del grado, la lama Kusanagi. La triade in questione è conosciuta col nome di Tesori Divino ed è parte del corredo imperiale che viene tramandato di padre in figlio. Non soltanto, infatti, i doni di Amaterasu hanno l'obiettivo di legittimare l'insediamento umano al potere, ma sono anche simbolo di saggezza, di potere e di lealtà. Chi indossa la collana e sguaina la spada, chi ammira la propria immagine riflessa nello specchio del Kami del Sole è guidato dalla saggezza divina e, per questo motivo, è meritevole di regnare sulla Terra.

Quando Ninigi venne fatto accomodare sul trono, decise di sposare la belle *Kono-hana-sakuya-jime*. Costei viene ricordata con soprannome di *Principessa del Bocciolo Fiorito*. Quando il padre di Kono scoprì che il nuovo sovrano del Grande Paese si era invaghito della sua prima figlia, invitò Ninigi a convolare a nozze anche con la seconda, la *Principessa della Roccia Eterna* – il cui nome nipponico è Iwanaga-hime. Tuttavia, Ninigi dovette riconoscere che quest'ultima non aveva nulla di avvenente e di desiderabile. E così, decise di rimandarla dal padre, un Kami della montagna, arrecando un enorme offesa al genitore.

«Ninigi!» - gridò l'offeso. «Hai commesso un grave errore quando hai rifiutato la seconda delle mie figlie. Te le avevo concesse entrambe affinchè il tuo regno e la tua vita fossero lunghi e resistenti come la roccia di una montagna, nonché dolce e soave come un bocciolo a primavera. Ma a quanto pare, hai preferito fare di testa tua e di arrecarmi una grave offesa. Ecco, dunque, la mia maledizione: la tua vita sarà ricca di gioia, piacere e bellezza, ma anche altrettanto breve».

Mio caro lettore, la leggenda in questione intende spiegare il motivo per cui gli Imperatori del Giappone siano destinati a morire spesso in giovane età, pur essendo circondati dagli sfarzi e dai tesori più desiderabili della Terra.

Nel frattempo, la principessa amata da Ninigi rimase gravida a seguito della prima notte di nozze. Tuttavia, il sovrano si insospettì: credeva, infatti, che la giovane donne potesse essere incinta già da prima e, nell'eventualità di un figlio illegittimo, il vero padre del discendente sarebbe stato un dio terrestre. Ninigi decise di rivelare alla moglie i dubbi che gli frullavano per la testa. Subito, la Principessa del Bocciolo Fiorito inorridì.

«Allora che la mia maledizione abbia effetto immediato: se quello che porto in grembo non è il figlio concepito col tuo seme, allora che il parto abbia esito infelice. Qualora il Kami sia un tuo discendente, che prosperi e cresca sereno nonostante le mille avversità della vita!» - proferì.

Ninigi si tranquillizzò e si dedicò alla costruzione di una capanna destinata al parto della prima moglie. In Giappone, infatti, gli eventi considerati impuri - morte, malattia e parti *in primis* - avvenivano in luoghi preposti affinché la dimora principale non venisse infangata. Quando cominciarono le doglie e la Principessa del Bocciolo Fiorito si recò nella modesta costruzione di Ninigi, subito appiccò fuoco al pagliericcio affinché il marito si convincesse della legittimità del figlio. Non era forse una nascita sventurata ma favorevole quella che avveniva circondata dalle fiamme?

E in effetti, il Kami del Cielo rimase impressionato e si levò dalla testa i dubbi relativi alla paternità del bambino. La Principessa del Bocciolo Fiorito diede alla vita tre divinità: Hoderi, il Fuoco che Brilla, Hosuseri, il Fuoco che Avanza e Ho-ori, il Fuoco che Declina. Quest'ultimo venne al mondo quando le ceneri circondavano la capanna e le fiamme stavano per estinguersi senza danneggiare il volto della madre-regina. I tre crebbero in condizioni favorevoli. Il primogenito Hoderi era abile nell'arte della pesca perché si era impadronito fin da giovanissimo di un amo in grado di catturare qualsiasi specie marina. L'ultimogenito Ho-ori era invece un cacciatore dalla mira infallibile e dalla mano ferma; anch'egli era possessore di arco e frecce che gli permettevano di mettere a segno qualsiasi tiro – anche da una lontananza considerevole.

Tuttavia, i due non erano soddisfatti dei propri rispettivi talenti: il primogenito amava le battute di caccia nelle ampie pianure del Grande Paese, mentre l'ultimo nato desiderava sedere sulle sponde di laghi e fiumi per pescare qualsiasi pesce abiti le profondità degli abissi. Per questo motivo, in una solare mattina di primavera, stabilirono di invertirsi i ruoli e di servirsi degli artefatti magici l'uno dell'altro. L'esperienza di Ho-ori nella pesca si rivelò fallimentare: sebbene avesse dalla sua il potere sovrannaturale dell'amo magico, finì addirittura per perdere in mare il talismano del consanguineo.

Hoderi si arrabbiò moltissimo.

«C-cosa ti è saltato in mente? Come hai potuto perdere il mio amo? Non sai quanta fatica abbia fatto per costruirlo. Ora pretendo il tuo arco e le tue frecce, fratello»

Ho-ori avrebbe voluto rimediare all'errore, ma non aveva chance di ritrovare in mare il piccolo artefatto del fratello. Di conseguenza, tentò di placare l'ira dell'interlocutore.

«Fonderò la mia spada per creare cinquecento ami di ottima manifattura! Che ne dici, fratello?»

«No, tu non capisci! La mia abilità nella pesca deriva proprio dall'utilizzo di quell'amo in particolare. Vallo a cercare e non tornare indietro fino a quando non lo avrai ritrovato!»

«Come vuoi tu…» - ribatté Ho-ori, allontanandosi a capo chino lungo la costa. Pregò che i Kami delle onde gli restituissero quanto di più caro per il primogenito, ma ogni speranza era vana. Il mare restò in silenzio. Infine, dopo aver vagato sconsolato in lungo e in largo, s'imbatte nel Vecchio del Mare. La figura divina prese consistenza dalle acque torbide della costa e gli diede un consiglio preziosissimo.

«Mio caro Ho-ori, costruisci una zattera con giunchi intrecciati tra loro e affidati al favore delle correnti. Il mare ti guiderà nei pressi di un enorme palazzo la cui superficie è ricoperta di squame appartenute in passato a migliaia di pesci. È quella la dimora del grande Owatatsumi, il dio delle acque. Nasconditi sulla sommità di un albero che si staglia nei pressi di un pozzo e attendi il tuo momento senza farti scoprire dalle guardie che vigilano l'ingresso. Se farai come ti dico, riuscirai a ritrovare l'amo di tuo fratello e potrai ricongiungerti con la tua famiglia».

E dal momento che Ho-ori non aveva alternative, decise di mettere in atto il piano del vegliardo. Dopo aver raggiunto il palazzo regale, si nascose tra le fronde dell'albero proprio come gli aveva suggerito il Vecchio del Mare. Tuttavia, il cuore gli batteva forte nel petto poiché non sapeva cosa aspettarsi. Chi gli avrebbe restituito l'amo Hoderi? Ho-ori non fece in tempo a formulare quell'angosciato pensiero che un'ancella si rese conto della sua presenza; e in effetti, il tremulo bagliore emesso dal corpo del Fuoco che Declina era sufficiente per catturare l'attenzione delle servitrici più diligenti. Prima che potesse proferire parola, il Kami le chiese un sorso d'acqua. Quando la giovane donna allungò la ciotola in direzione dell'estraneo, Ho-ori strappò il drappo della collana e bagnò il talismano nella coppa, attaccandolo sul fondo con l'aiuto della sua saliva magica. La serva notò il bagliore perlaceo del gioiello e tentò di afferrarlo, ma senza riuscirci. Affascinata da quel fenomeno inspiegabile, si diresse nella camera della principessa per chiederle aiuto. La figlia del Kami del Mare era infatti Toyotama-hime, chiamata dalle sue ancelle Principessa Perla Copiosa. Dopo aver ascoltato con attenzione il racconto della sua interlocutrice, chiese di accogliere lo straniero affinché potesse conoscere un viaggiatore dotato di poteri apparentemente miracolosi. Non appena si avvicinò al pozzo, vide la flebile luce infiammata di Ho-ori nascondersi tra le fronde dell'albero marino. Non appena incrociò lo sguardo del giovane, il cuore della Principessa cominciò a battere all'impazzata; si innamorò a prima vista del misterioso pellegrino e rientrò a pieni nudi nel palazzo per informare dell'accaduto il padre. E in effetti, le si era insinuato nel petto il desiderio di sposare il Fuoco che Declina.

Quando il Kami del Mare Owatatsumi finì di udire il racconto della figlia, comprese che l'ultimo arrivato era uno dei figli di Ninigi. Subito lo accolse con tutti gli onori del caso e, dopo aver steso ai suoi piedi stoffe realizzate in preziosissima pelle di foca, gli cedette la mano della sua bimba. Il matrimonio venne organizzato seduta stante: le damigelle e i funzionari di corte si diedero un gran daffare affinché gli sposi celebrassero una cerimonia degna del proprio status. Tuttavia, rinchiuso nel palazzo del dio marino, Ho-ori cominciava ad avere nostalgia di casa. Non soltanto sentiva mancanza del verde brillante dei campi a primavera e del blu terso del cielo estivo, ma cominciava a rimpiangere di essere tanto lontano dai fratelli.

La Principessa Perla Copiosa, dotata di una spiccata sensibilità e intelligenza emotiva, domandò al marito il motivo per cui non facesse visita ai parenti sulla terraferma. E così, Ho-ori rivelò il segreto che lo aveva condotto sul fondo del mare: «Mi sono allontanato dalla mia Terra per ritrovare l'amo preferito di mio fratello. L'ho perso tre anni fa durante una sessione di pesca, al largo della costa. Non posso riabbracciare la mia famiglia fino a quando non troverò l'artefatto appartenente a Hoderi. Ma non voglio annoiarti con questa lunga storia, non ho speranza di mettere le mani sul prezioso portafortuna del primogenito…» - sbuffò, nascondendo il viso affranto allo sguardo della moglie. Tuttavia, la giovane donna non si perse d'animo. Dopo aver rivelato il segreto di Ho-ori a Owatatsumi – il quale aveva l'aspetto di uno spaventoso dragone marino, - il Kami del Mare chiamò a raccolta tutte le specie che abitano sui fondali affinché collaborassero nella ricerca dell'amo di Hoderi. Nessuno fornì informazioni utili.

Eppure, Owatatsumi notò che un pesciolino, tra i banchi, aveva qualcosa di incastrato in bocca. Lo spiacevole imprevisto impediva al malcapitato di mangiare e di comunicare in modo comprensibile, motivo per cui il Kami del Mare intuì che dovesse trattarsi dell'amo ricercato da Ho-ori. Controllò quindi il palato del suo suddito e vide luccicare, nella sua cavità orale, l'artefatto magico.

Owatatsumi si recò nelle stanze private del Fuoco che Declina e recapitò quel prezioso oggetto al legittimo proprietario.

«Adesso puoi fare ritorno sulla terraferma e portare con te la mia bambina affinchè tutti sappiano della vostra lieta unione» - ingiunse il Kami marino. «In aggiunta, affinché il tuo viaggio di ritorno sia sereno, voglio farti un regalo. Prendi, questo è il gioiello magico che mi permette di controllare l'avanzata delle maree. Se tuo fratello non dovesse riconoscerti dopo tutto questo tempo e volesse sbarazzarsi di te, utilizzalo per alzare il livello del mare. La minaccia è più che sufficiente per tenere a bada i terrestri che temono gli abissi in cui viviamo. Nel caso in cui Hoderi chiedesse perdono, ordina alla pietra di interrompere il suo potere. Ma non è tutto: sappi che voglio dirottare piogge fertili sulle tue coltivazioni. Di conseguenza, pianta le risaie molto lontane da quelle di tuo fratello: se lui sceglie di stabilirsi sulla cima dei monti, tu dimora a valle. In questo modo, i campi di Hoderi diventeranno secchi, mentre i tuoi cresceranno rapidamente e ti assicureranno tutti il nutrimento di cui hai bisogno per prenderti cura di mia figlia. Tutto chiaro?» - concluse il Kami del Mare, battendo una mano sulla spalla di Ho-ori.

Quest'ultimo annuì con gli occhi gonfi di lacrime e, dopo aver cinto la vita della Principessa Perla Copiosa, salì sul dorso di un coccodrillo-messaggero per rientrare nel Grande Paese. Hoderi fu molto lieto di aver ritrovato l'amo da pesca, ma non trattò il fratello con stima e affetto. Infatti, in cuor suo sperava che l'ultimogenito fosse morto nell'impresa o, in alternativa, si fosse stabilito in un regno lontano.

Trascorsero i mesi. I campi di Ho-ori erano fertili, i suoi animali da soma in forze, le genti che l'aiutavano nei compiti agricoli molto produttive. Lo stesso non poteva dirsi delle risaie di Hoderi: la stagione primaverile si concluse negativamente, tanto che le aride secche del primogenito cominciarono a subire un rapido processo di de-popolamento. Anche gli esseri viventi scendevano a valle per raggiungere il paradiso terrestre governato da Ho-ori. Inutile dire che Hoderi cominciò a nutrire un forte senso di risentimento nei confronti del fratello. L'invidia avvelenava la sua mente notte e giorno, tant'è che Hoderi smise addirittura di coricarsi e prese a vagare tra le secche distese di campi alla ricerca di una spiegazione plausibile. Perché mai le nubi della sfortuna sembravano essersi addensate all'improvviso proprio sul suo capo? In tutti quegli anni, infatti, Hoderi era diventato un punto di riferimento nella difesa dell'ordine cosmico.

Arrivò infine il giorno in cui, esasperato dalla precarietà della sua esistenza, maturò il proposito di uccidere il consanguineo. Tuttavia, Ho-ori non era impreparato a una simile eventualità; da tempo notava che l'atteggiamento del fratello nei suoi confronti si faceva ogni mese sempre più schivo e aggressivo. Di conseguenza, dopo aver indossato il gioiello donatogli da Owatatsumi, ordinò alla marea di sollevarsi in difesa del suo padrone. Hoderi rimase invischiato nelle correnti marine a tal punto che, sul punto di affogare, si sbracciò con le ultime forze rimaste nel tentativo di catturare l'attenzione del consanguineo.

«Ti chiedo per-perdono… fratello» - gridò.

Ho-ori interruppe la mareggiata e si avvicinò a passi svelti in direzione di Hoderi. Quest'ultimo riconobbe formalmente la superiorità del Kami del Mare, e lasciò che fosse quindi l'ultimogenito a regnare sulla Grande Paese. Nel frattempo, la giovane Principessa Perla Copiosa – la quale si era trasferita con Ho-ori sulla terraferma – era gravida del suo primo figlio. Fu allora che, secondo la tradizione, Ho-ori costruì la capanna di giunchi che avrebbe accolto la sposa durante le doglie del parto.

«Non voglio che tu mi veda in un simile stato… Il giorno in cui nascerà il nostro bimbo, promettimi di aspettarmi nel palazzo e di non venire a farmi visita» - disse la Principessa Perla Copiosa. Il marito acconsentì. Tuttavia, il giorno del parto venne colto da un impellente desiderio di scoprire i segreti della natura femminile e, quatto quatto, si recò nei pressi della capanna di giunchi per assistere alla scena proibita. Ciò che vide lo lasciò di sasso: la figlia di Owatatsumi non era più la principessa dal volto perlaceo che aveva sposato nel palazzo del Mare, bensì un enorme coccodrillo che si contorceva sul lettino nel tentativo di espellere il neonato. Per quanto la trasformazione della giovane non fosse motivo di vergogna – dopotutto, non era forse la figlia di un dio dragone? – Ho-ori rimase molto turbato dall'immagine della moglie. Quest'ultima si rese conto di essere osservata alle sue spalle e, colta da un improvviso senso di umiliazione e di rammarico, decise di abbandonare il figlio e il Fuoco che Declina.

«Ho-ori, perché non hai tenuto fede alla tua promessa? Adesso che conosci la mia forma mutante non riesci più a giacere con me come un tempo. Non ho il coraggio di restare al tuo fianco per tutta la vita, la vergogna mi ucciderebbe lentamente. Tornerò nel palazzo di mio padre, e ti proibisco di vernire a cercarmi. Inoltre, chiuderò dietro di me le porte del mare affinché nessun altro avventuriero terrestre sia spinto dalla curiosità di scoprire le creature che abitano sui fondali.»

Il tono della Principessa Perla Copiosa non era irato, ma attraversato da una nota di assertività. E quando la giovane donna sparì alla vista di Ho-ori, fu la Principessa Perla Vera Tamayori-hime a prendersi cura del piccolo nipote.

Quando il giovane crebbe e si mise alla ricerca della madre, scoprì la triste realtà e decise di chiedere in sposa colei che lo aveva allattato al posto della genitrice. Fu così che la stirpe divina ebbe una degna prosecuzione.

Mio caro lettore, dopo la scomparsa di Ho-ori, i due testi sacri della tradizione shintoista (Kojiki e Nihon Shoki) pongono fine alla cosiddetta *epoca dei Kami*. La suddivisione degli dèi tra creature della Terra, del Cielo e del Mare intende fornire una spiegazione logica alla compresenza di più elementi cosmici nell'Universo. L'aspetto realmente interessante è il seguente: il pantheon mitologico è stato arricchito, nel tempo, da fonti e brani secondari volti a elencare tutte le manifestazioni Kami della Natura. Non mancano mostri ed eroi, Imperatori e spiriti sovrannaturali che vale la pena citare nelle pagine che seguono.

Capitolo 8

I protagonisti della mitologia giapponese

I Kami non sono gli unici protagonisti della religione natia del Paese del Sol Levante, lo Shintoismo. Molti sono i demoni e le manifestazioni mitologiche che animano il microcosmo nipponico. Prima di passare in rassegna i protagonisti del pantheon orientale, ti ricordo che il termine Kami veicola un significato ampio, eterogeneo: non soltanto le divinità del Giappone comprendono anche spiriti animali e floreali - nonché dèi di altre religioni (Buddhismo e Bodhisattva in primis) - ma sono anche… *infiniti!* La leggenda narra che esistano otto milioni di Kami; un valore non casuale, dal momento che il numero 8 – se ruotato in orizzontale – diventa simbolo dell'infinito. Ogni Kami vanta un'indole benigna o malevola, sebbene la stragrande maggioranza dei protagonisti giunti fino a noi si caratterizzi per forza e benevolenza.

Glossario

Amaterasu: dea dello Shintoismo il cui nome originale Ama-terasu-o-mi-kami significa letteralmente "*La grande dea che illumina il cielo*". I conflitti con il fratello Susanoo determinarono la prima spaccatura tra le divinità della Terra e quelle del Cielo. Dopo essersi rintanata in una caverna buia per sfuggire alle villanie del fratello, venne convinta da Ama-no-Uzume (la divinità delle risa) a sedere nuovamente sul trono celeste. Sull'isola di Honshu, a Ise, si trova un santuario intitolato a suo nome in cui si narra che sia conservato lo specchio che Amaterasu donò a Ninigi quando costui divenne il Signore del Grande Paese.

Amatsu-Kami: dèi del cielo, cioè che "vivono al di sopra". Si distinguono dai Kunitsu-Kami, cioè dagli spiriti della Terra che "vivono al di sotto".

Ama-Tsu-Mara: divinità scintoista che protegge i fabbri. Si narra che egli abbia forgiato lo specchio solare di Amaterasu in compagnia di Ishi-Kori-dome.

Ame-No-Oshido-Mimi: il figlio di Amaterasu rifiutò di regnare sulla Terra quando la Kami del Sole lo invitò a riportare l'ordine cosmico.

Ame-No-Wakahiko: divinità del Cielo chiamata a riportare ordine nel Grande Paese. Venne ucciso da Takami-Musubi nel corso della missione, e di lui non si ebbero più notizie.

Assemblea degli Dei: la tradizione nipponica prevede che i Kami si riunissero una volta all'anno nel tempio sacro di Izumo al fine di stabilire il destino amoroso degli esseri umani. In altri termini, i Kami decidono chi amerà chi affinché ogni sentimento sia effettivamente ricambiato.

Baku: lo spirito malvagio è conosciuto col nome di "Divoratore di sogni". In Giappone si crede, infatti, che gli incubi siano generati da creature cattive. Nell'antichità, quando un giovane si svegliava nel cuore della notte a causa di un brutto presentimento, poteva appellarsi direttamente a Baku. «Baku, mangia i miei sogni!». In tal senso, la creatura si sarebbe nutrita degli incubi notturni per trasformarli in sogni lieti, benevoli. Si narra che abbia la testa di un feroce leone, il corpo di un cavallo e le zampe di una tigre.

Benten: la dea dell'amore, della saggezza, della musica e delle manifestazioni artistiche. Benten è il corrispettivo di Atena e di Apollo nella mitologia ellenica. È inoltre la protettrice delle geishe, dei musicisti e dei ballerini professionisti.

Benzai-Ten: divinità del linguaggio e dell'intelletto. Il suo simbolo naturale è l'acqua.

Bimbogami: il Kami della povertà e dell'indigenza viene scacciato con appositi riti propiziatori.

Bishamon: il Kami della guerra e delle arti belliche. Sebbene sia ricordato prevalentemente per il proprio animo burrascoso, è anche il protettore della salute di coloro che seguono il *Loto della Retta Legge*. Venne creato nel corso delle campagne propagandistiche contro i clan buddhisti.

Butsu: versione giapponese del Buddha, spesso tradotto anche nella variante Butsuda.

Carpa: l'animale nipponico per eccellenza simboleggia la perseveranza, l'audacia, la motivazione personale, la giovinezza e l'energia. Secondo la leggenda, le profondità del Lago Buwa sarebbero abitate da una carpa la cui lunghezza sarebbe superiore ai 3 metri. L'animale avrebbe la cattiva abitudine di divorare gli sventurati nuotatori o chiunque cada accidentalmente nelle acque del lago. Ti ricordo che il Lago in questione è il più ampio del Giappone e si trova nella regione di Honshu (area centro occidentale).

Centopiedi: il terrificante e mostruoso divoratore di uomini ha le dimensioni di una montagna. Si narra che vivesse nei pressi del Lago di Biwa e che, un giorno lontano, il re-dragone che vegliava su quella regione avesse incaricato l'eroe Hidensato di ucciderlo con l'astuzia. Costui trafisse il cervello della bestia con una freccia bagnata della saliva della creatura, centrando il bersaglio con estrema precisione. Il dragone ricompensò il mercenario con un sacchetto di riso che si sarebbe riempito in eterno come per magia. In questo modo, l'eroe poté sfamare la sua stirpe numerosa.

Chimata-no-kami: il Kami di crocevia a protezione dei viaggiatori. In origine si narra che fosse un dio dai connotati fallici, motivo per cui le sue raffigurazioni sono spesso esplicite.

Chochinobake: letteralmente "Spirito della lanterna di carta" è una tipologia di Tsukumogami che viene generato dagli oggetti conservati per più di un secolo. Allo scoccare del centesimo anno, questi ultimi vengono animati dalla presenza dello spirito, il quale viene spesso raffigurato con un solo occhio, la bocca aperta e la linguaccia.

Daikoku: il Kami della fortuna ha l'aspetto di un ometto basso e sorridente dalla pancia sporgente. Viene spesso raffigurato con un sacchetto colmo di tesori preziosi poggiato sulla spalla. Inoltre, siede su un sacco di riso insieme al suo inseparabile topolino bianco.

Dainichi: personificazione della purezza nipponica.

Donna della Montagna: creatura dalle sembianze umane e dal corpo d'insetto. Vive nelle foreste del Giappone ed è più forte di un uomo. Si crede che sia capace di sollevare un pellegrino con la sola forza delle zampe per divorarlo in un sol boccone.

Dozoku-shin: il dio in questione ha una valenza prevalentemente familiare. Viene venerato, infatti, tra un gruppo di consanguinei. Il concetto nipponico di Dozoku comprende tanto il ramo familiare originario quanto quello secondario-collaterale. Il primo prende nome di Honke, l'altro di Bunke.

Drago Blu: mostro-guardiano in difesa dei segni zodiacali.

Ebisu: il Kami veicola il concetto di "Salute del Mare" ed è protettore dei fenomeni umani e naturali correlati al mondo della pesca e della navigazione. Non a caso, è anche il dio dei lavoratori. Un tempo venerato sulla costa di Osaka – sede del tuo tempio – gode di una fama universale. Ogni scarto che dal mare viene gettato sulla spiaggia è una possibile manifestazione di Ebisu. *Vedi voce [Hiruko].*

Ekibiogami: il Kami della peste e delle epidemie.

Ema: offerte votive che i giapponesi donano agli dèi. Si tratta di immagini dipinte o di statuette di cavalli.

Emma-o: variante buddhista del dio dell'Oltretomba (Yama, in sanscrito). I giapponesi credono che abiti nelle profondità della Terra e dimori nei pressi della Sorgente Gialla. Quest'ultima è sede di un mastodontico castello rivestito d'oro e d'argento. Il compito del Kami è, dopotutto, importantissimo: egli giudica le anime dei defunti e decide eventualmente di condannarli al castigo consono alla legge di Buddha. In alcune versioni del mito viene considerato una figura benevole poiché coinvolta attivamente nei riti di resurrezione degli spiriti.

Fudo: Kami della saggezza e del fuoco che arde, è considerato uno dei cinque guardiani del Cielo. I giapponesi erano soliti affidarsi alla benevolenza di Fudo prima di una guerra o in concomitanza di più eventi sfavorevoli. Tutte le volte in cui pericoli e calamità minacciano l'ordine cosmico, il dio della saggezza si batte per ristabilire l'armonia universale. Il suo tempio ha sede nei pressi del Monte Okiyama, la cui cima – secondo la leggenda – sia circondata da alte fiamme al fine di tenere lontani i malintenzionati e i pellegrini curiosi. Si narra che nessun essere vivente sia legittimato a guardarlo nel suo habitat naturale – pena la cecità eterna.

Fujin: Kami del vento. È considerato la divinità fondatrice dell'Universo. Quando stabilì di liberare i soffi ventosi contenuti nel suo magico sacco, separò la materia con la forza dell'aria e creò lo spazio vuoto entro il quale Izanami e Izanagi diedero vita alla Terra così come oggi noi la conosciamo. Viene spesso raffigurato sotto forma di demone oscuro ornato da una pelliccia di leopardo.

Fukurokuju: è il dio della buona sorte, della saggezza e della prosperità. Appartiene alla categoria dei Sette Kami della Fortuna, conosciuti col nome collettivo di Shichi Fujukin. Non si separa mai dal corvo e dalla tartaruga che l'accompagnano a ogni passo.

Funadama: divinità femminile che anima le imbarcazioni e guida i marinai verso la rotta migliore.

Futsu-Nushi-no-Kami: il Kami del fuoco e del fulmine gode di molto rispetto nel pantheon mitologico del Giappone. Viene spesso considerato un dio irascibile e bellicoso, sebbene abbia ricoperto un ruolo di mediazione nel periodo in cui Ninigi si insediò nel Grande Paese.

Gaki: non una divinità, ma uno status sovrannaturale traducibile col termine di "Spiriti affamati". Non è raro che i monasteri Zen spingano i visitatori a compiere una piccola offerta votiva rivolta ai Gaki prima di consumare i pasti.

Gakido: conosciuto come "Demone della strada" è la rappresentazione tangibile del Purgatorio nipponico. In altri termini, è tra le manifestazioni più basse di esistenza.

Gama: Kami della longevità e della lunga vita. Ha l'aspetto di un vecchietto dall'aria vivace che si sposta da una regione all'altra del Giappone sul dorso di un grosso cervo.

Gekka-o: il dio delle nozze. Si narra che sia solito legare i piedi dei neo-sposi con un sottile filo di seta rossa per celebrare il sentimento che lega la coppia.

Go-Shin Tai: i gioielli donati da Amaterasu al primo imperatore del Giappone, il Kami del cielo Ninigi. I simboli del predominio divino sulla Terra vengono tramandati di sovrano in sovrano: lo specchio, la collana di perle e la spada che Susanoo rinvenne nella coda di un drago.

Haniyasu-hiko e Haniyasu-hime: la divinità maschile e la divinità femminile della terra.

Hasu-Ko: le vicende della giovane che morì di un sentimento non corrisposto sono tra le più conosciute e affascinanti della mitologia giapponese. Si narra che il desiderio di possedere lo spasimante fu tale che lo spirito di Hasu riuscì a indurire il corpo di Kei, il malaugurato ragazzo. Costui rimase come paralizzato, incapace di allontanarsi fisicamente dalla fanciulla. Ella condusse l'innamorato nella sua terra di origine affinché potesse conoscere i genitori e la famiglia, e disse loro che sarebbe stata disposta a morire purché costoro dessero in sposa il povero Kei alla sorella più piccola. E dal momento che questo era l'unico modo per liberare l'anima di Hasu, il padre acconsentì al sacrificio della figlia. Dopo essersi dissolta nel nulla, Kei si risvegliò dal torpore in cui era caduto e convolò a nozze con la sorella di Hasu.

Haya-ji: Kami delle trombe d'aria.

Hinokagutsuchi: dea del fuoco.

Hiruko: il Kami è considerato il protettore del sole del mattino. In aggiunta, si prende cura della salute dei neonati e veglia su di loro anche in assenza dei genitori.

Hisa-Me: creatura mostruosa degli Inferi.

Hoderi: Il Fuoco che Arde è il primogenito concepito dall'unione tra Ninigi e la Principessa Bocciolo Fiorito. Costui sviluppò un grande talento per la pesca. La perdita dell'amo fortunato da parte del fratello Ho-ori creò una vera e propria faida familiare che confluì col termine della dinastia dei Kami.

Hosuseri: il figlio di mezzo di Ninigi e la Principessa Bocciolo Fiorito è considerato il Fuoco che Avanza e divora ogni cosa.

Ho-ori: ultimogenito di Ninigi e la Principessa del Bocciolo Fiorito è il Kami che governò il Giappone dopo aver completato il suo viaggio nel regno degli abissi. Grazie al favore del dio marino Owatatsumi riuscì a sventare il piano malefico del fratello Hoderi.

Hiruko: il primo discendente di Izanami e Izanagi nacque privo di spina dorsale e fu per questo gettato nelle profondità del mare. Egli venne trovato da un gruppo di contadini e riuscì a sopravvivere, trasformandosi in Ebisu.

Iha-Naga (Principessa della Roccia Eterna): è la figlia del dio della montagna Oho-Yama. Costui tentò in tutti i modi di darla in sposa al Signore del Grande Paese Ninigi, ma il sovrano preferì la sorella di lei, Ko-no-Hana (Principessa del Bocciolo Fiorito).

Ika-Zuchi: un gruppo di sette spiriti che abitano nell'Oltretomba. Gli esseri umani sono in grado di udirli nel corso di maremoti, terremoti ed eruzioni vulcaniche.

Iki-Ryo: lo spirito della collera che arreca sofferenza a chi ne è vittima.

Inari: il Kami del cibo è considerato il protettore del riso. Non soltanto è tra le figure più enigmatiche del pantheon nipponico, ma ha anche una natura ibrida (maschile e femminile). Si narra che una volta all'anno, costui/costei scenda dai monti in direzione delle vallate per assumere la forma di una volpe. Viene spesso raffigurato/a con una lunga barba e due steli di riso stretti nei pugni chiusi. Inoltre, può anche mutarsi in ragno per vendicarsi degli individui che si sono comportati in modo malvagio ed egoista nei confronti del proprio gruppo sociale. Al giorno d'oggi, Inari gode di una fama via via crescente. I giapponesi sono soliti dedicare ricche offerte votive al Kami in questione, nella speranza di proteggere così lai membri della famiglia e il proprio gruppo di amici. Il tempio del dio ha sede nella parte orientale di Kyoto e prende il nome di Fushimi-Inari. Costruito intorno al 700 dopo Cristo, è sede della più importante festa del riso organizzata nei primissimi giorni di primavera.

Isora: il Kami della spiaggia.

Izanagi e Izanami: la coppia primigenia a cui venne consegnata la spada celeste. I due furono i creatori di molteplici divinità (la prima generazione di Kami), prima di essere separati per sempre dalla morte di Izanami. Izanagi tentò invano di trarla in salvo dall'Oltretomba (Yomi).

Jigami: termine alternativo col quale si indentifica la stirpe dei Kami della Terra.

Jikininki: spiriti che divorano i cadaveri. Vengono generati dalle anime di uomini e donne defunti che, animati da un desiderio di vendetta e da un forte senso d'irrequietezza, fanno in modo che anche altri esseri viventi siano costretti a soffrire nell'Aldilà. A tal proposito, la leggenda narra che, un giorno lontano, un sacerdote di nome Muso Kokushi vegliava al capezzale di un inferno quando un Jinininki arrivò all'improvviso per divorare con un sol boccone il corpo del malcapitato. Le preghiere del monaco furono tanto intense da liberare l'anima che sarebbe stata dannata dal demone per l'eternità.

Jikoku: è il custode dell'Est.

Jinushigami: il Kami "Padrone di casa" viene spesso associato al possesso di un territorio.

Kagutsuchi: il Kami del fuoco che, dopo la sua nascita, bruciò il ventre di Izanami e uccise la madre. Izanagi vendicò la moglie e fece a pezzi il dio delle fiamme. Dal corpo di Kagutsuchi vennero generati i Kami dei vulcani e delle rocce montuose.

Kamaitachi: i mostri della mitologia giapponese vengono rappresentati sotto forma di donnole, benché si spostino con una velocità tale che nessun essere umano sia mai riuscito a vederli per un istante. Sono soliti aggredire alle spalle le proprie vittime, facendole cadere a terra. Alcuni di loro hanno la proprietà di ringenerare le ferite.

Kamidana: il celebre altare sul quale viene riposto il cibo votivo per i Kami.

Kanayama-hiko e Kanayama-hime: Il primo è il Kami maschile, la seconda la componente femminile dei metalli. Sono sposati.

Kappa: gli spiriti acquatici sono molto temuti dalla popolazione giapponese. Si crede, infatti, che si divertano a trascinare i bambini e i neonati nelle profondità marine per farli affogare. In aggiunta, aggrediscono anche gli animali per via delle lunghe unghie che ghermiscono le vittime nella notte. Intelligenti e temibili, diventano amici soltanto degli individui dotati di un intelletto superiore alla media.

Kirin: l'unicorno nipponico che combatte contro le anime dei cattivi con il suo corno appuntito.

Kishijoten: il Kami della fortuna.

Komoku: il re celeste a guardia del sud.

Kompera: la divinità protettrice dei viaggiatori che vanno in pellegrinaggio per terra e per mare.

Koshin: il dio delle strade. I mercanti erano soliti offrirgli in dono piccoli cavalli impagliati al fine di assicurarsi un viaggio favorevole.

Kumo: le cronache nipponiche raccontano di ragni enormi che, con i loro denti aguzzi e le zampe estremamente lunghe e veloci, si nascondono nei meandri dei palazzi e dei castelli in attesa di una vittima. Sebbene all'inizio abbiano l'aspetto di semplici mucchi di abiti ammassati sul pavimento, traggono in inganno gli sventurati individui trasformandosi in creature colossali.

Kura: Il Kami della pioggia e delle intemperie.

Nai-no-kami: il Kami dei terremoti introdotto nella mitologia giapponese intorno al VII secolo avanti Cristo.

Naka-Yama: la divinità delle vette.

Nakisawame: la divinità nata dalle lacrime versate da Izanagi per la morte della moglie.

Ninigi: il nipote di Amaterasu mandato sulla Terra per governare il Grande Paese. Fu il primo protagonista della dinastia di Imperatori che, da quel giorno in poi, continuò a tramandare i tre artefatti del Kami del Sole.

Ninyo: le sirene orientali appartenenti al folklore nipponico.

Nioo: uno spirito che, secondo la tradizione, fa la guardia ai cancelli dei tempi e delle proprietà private.

Okuninushi: il Signore del Gran Paese si fece carico della creazione originaria intrapresa da Izanami e Izanagi in compagnia del fratello perduto Sukunabikona. Infine, decise di abbandonare la Terra al controllo dei Kami del Cielo.

Omoikane: letteralmente il *"Dio del Gran Pensiero"*, è apprezzato dal pantheon divino per la sua capacità di dispensare ottimi consigli.

Owatatsumi: il Kami dei Mari raffigurato nella forma di un grande e temibile dragone. Abita in un palazzo marino ricoperto da squame di pesci.

Ponte del Cielo: il ponte che oscilla sulla Terra è il corrispettivo nipponico della Via Lattea. È inoltre proprietà del Kami del Cielo Uzume.

Raijin: il Kami del Tuono che abita nell'Oltretomba. Viene ricordato in virtù del suo grande tamburo robonante. Fa coppia con Fujin, il dio del vento che trasporta con sé un sacco di iuta al cui interno sono custodite le correnti.

Ryujin: il dragone marino che viene spesso paragonato a Owatatsumi.

Rakan: discepolo del Buddha, viene venerato come un dio.

Shaka: manifestazione del Silenzio Saggio della tradizione giapponese, affonda nella religione del Buddhismo. È anche la manifestazione del Buddha che discende sulla terra.

Shi-Tenno: i quattro sovrani del Cielo vigilano sui punti cardinali al fine di tenere lontane le manifestazioni degli spiriti maligni. A nord si trova Tamon, a sud Komoku, a est Jikoku e a ovest Zocho.

Sukunabikona: Il figlio di Takami-musubi e Kami-musubi raggiunse le coste del Grande Paese per offrire i propri servigi a Okoninushi.

Shichi Fujukin: il gruppo dei Kami della fortuna è composto da sette divinità che viaggiano in lungo e in largo su un vascello colmo di tesori e ricchezze. In ordine: "Benten, Bishamon, Daikoku, Ebisu, Fukurokuju, Hotei e Jurojin". Durante il Capodanno nipponico che prende il nome di Sanganichi, la popolazione si stringe in preghiera per chiedere ai Shichi di purificare la propria dimora.

Shiko-Me: rappresentazione femminile del diavolo.

Shinda: il Kami della fertilità abita l'isola di Hokkaido ed è desunto dalla tradizione Ainu.

Susanoo: il Kami della Tempesta è correlato sia alle manifestazioni del Mare sia alla vita nell'Aldilà. Proprio come Loki nella mitologia norrena, viene considerato una divinità negativa e un eroe positivo.

Takami-musubi e Kami-musubi: rispettivamente, l'Alto Spirito Generatore e lo Spirito Generatore. La prima è la componente maschile della coppia, la seconda quella femminile. Vengono considerati i genitori di Sukunabikona.

Takemi-kazuchi: il dio in questione è correlato alle manifestazioni del Tuono. Venne generato il giorno in cui Izanagi si vendicò del dio del fuoco responsabile della morte di Izanami e, da quel momento in poi, venne pregato col nome di Kashima per aver domato l'enorme pesce gatto. Quest'ultimo abitava le profondità delle isole nipponiche e, con le sue pinne possenti, provocava tsunami e terremoti.

Taki-Tsu-Hiko: il Kami della pioggia.

Tamon: il signore del nord.

Ten: termine che in giapponese sta a significare "Cielo" nella sua accezione legata ai concetti di paradiso, divinità e provvidenza.

Ten-Gu: governati da Sojo-bo, sono spiriti malvagi che si nascondono nel fitto della foresta per tormentare gli avventurieri, e soprattutto i bambini che si perdono nel fitto dei boschi.

Tsukuyomi: il dio della Luna nacque dall'occhio destro di Izanagi e si collocò immediatamente sulla sommità della volta celeste. Si narra che, dopo aver ucciso la dea dei cereali per capriccio, Amaterasu si rifiutò di guardarlo in volto per il resto dei suoi giorni – motivo per cui il Sole e la Luna si intervallano a vicenda, senza mai incontrarsi.

Ujigami: spiriti primordiali conosciuti per essere protettori neutrali dei clan familiari. I parenti dei malati possono rivolgersi a loro in caso di sconforto.

Ukemochi: la divinità che protegge il cibo e i cereali venne uccisa da Tsukuyomi. Altre versioni del mito prevedono che sia stato Susanoo a vendicarsi su di lei, suscitando così il disappunto di Amaterasu.

Uomo della Montagna: il demone che vive nelle foreste del Giappone viene spesso incrociato dai taglialegna che lavorano a contatto con la Natura. Ha l'aspetto di uno scimmione peloso, ed è molto difficile sfuggire alla sua ira incontrollabile. È possibile farselo amico donandogli un pugnetto di riso.

Uwibami: il mostro in questione ha l'aspetto di un serpente dalle dimensioni mastodontiche che può volare ad alta quota e abbattersi in picchiata per divorare le vittime.

Wakahiru-me: letteralmente, "La divinità del sole che nasce". È il Kami dell'aurora.

Yabune: Protettore del focolare domestico.

Yama-no-kami: la divinità dell'agricoltura, della caccia e della flora. È il corrispettivo dell'Artemide del pantheon ellenico.

Yamata-no-Orochi: lo spaventoso drago a otto teste ucciso da Susanoo con l'aiuto della sua futura sposa. Il Kami della Tempesta si servì del sakè per sconfiggere il nemico e per ritrovare la spada di Amaterasu.

Yasha: il mostro in questione è un pipistrello-vampiro la cui natura rabbiosa e aggressiva è probabilmente femminile.

Yeta: si narra che sia Inari travestito sotto forma di mendicante.

Yo: rappresenta l'elemento maschile della creazione dell'Universo.

Zocho: il signore del sud.

Capitolo 9

Gli Ainu: la religione della popolazione indigena del Giappone

Ainu. Furono i più antichi abitanti del Paese del Sol Levante. Stanziatisi nella regione di Hokkaido, sono poco conosciuti dai viaggiatori e dai turisti che s'immergono nelle bellezze culturali e paesaggistiche del Giappone. La loro storia è meritevole della nostra attenzione dal momento che la religione autoctona della popolazione indigena è ricca di protagonisti, credenze e rituali inediti rispetto al coacervo di informazioni di cui ti ho già parlato nelle pagine precedenti.

Compiamo un passo indietro: gli Ainu si insediarono inizialmente nella regione settentrionale dell'arcipelago sud-orientale, e lì vissero indisturbati per lunghi secoli. A differenza degli intenti espansionistici e propagandistici della politica imperiale, i capi della tribù preservarono la popolazione dalla contaminazione culturale mutuata dal Giappone o dalla vicina Cina. Tuttavia, negli ultimi secoli ha fatto molto discutere la mancanza di uno statuto che sia in grado, finalmente, di restituire dignità a un popolo dalla cultura e dalla storia millenarie.

Curioso di saperne di più? In questo capitolo, voglio guidarti per mano alla scoperta della «faccia nascosta del Giappone», affinchè la tua comprensione delle vicende mitologiche trovi piena realizzazione, a cavallo tra passato e presente.

Le origini degli Ainu sono incerte. Tuttavia, alcuni studiosi sono concordi nell'affermare che le prime generazioni siano derivate dalle popolazioni del Nord. Siamo nel 1300 circa quando i clan in questione si stabiliscono nella regione di Hokkaido e passano dall'essere nomadi a stanziali. Molti di loro, inoltre, si spostano nella vicina Russia e occupano l'area che prende il nome di Sakhalin. Il loro stile di vita a contatto con la Natura – spesso caratterizzato da abitudini molto rurali, - non attira l'attenzione delle popolazioni maggiormente «civilizzate» del Giappone e della Cina. Nessuno sembra rendersi conto del ricco patrimonio culturale di un popolo che, lentamente ma in maniera costante, sviluppa una lingua propria (la lingua ainu), un insieme di cerimonie, un vasto repertorio di canti pubblici, nonché un sistema di caccia e pesca che consente alla popolazione di sopravvivere con successo alle rigide temperature del Nord.

Nel dettaglio, una delle cerimonie più importanti degli Ainu è quella che coinvolge la nascita dei cuccioli di orso. Questi ultimi vengono accolti nel clan e considerati veri e propri membri della famiglia. Gli animali vengono sfamati e venerati nel corso dei primi due anni di vita e, successivamente, reimmessi in modo graduale nel loro habitat. Alcuni di loro, tuttavia, vengono tenuti prigionieri e sacrificati in un rituale propiziatorio. La visione mistico-religiosa alla base di un tale credo – che a molti tra i miei lettori potrebbe sembrare disdicevole – vuole veicolare un messaggio di **liberazione**. Lo spirito dell'animale si distacca la componente somatica per amalgamarsi al regno celeste delle manifestazioni invisibili, intangibili.

Non meno interessante è la tradizione secondo cui gli Ainu sarebbero riconoscibili in virtù di tatuaggi abilmente realizzati sulla propria pelle. Considerati un simbolo di ricchezza, piacevolezza e status sociale, i tattoo rappresentano veri e propri talismani che si connettono allo spirito di ogni individuo, al fine di condurlo sulla retta via. Inoltre, non meno affascinante è la preparazione della componente somatica prima della morte: gli Ainu ritengono che il corpo umano debba gradualmente liberarsi dei vestiti, delle armi e dei gioielli «usa e getta» per tornare nella forma originaria, pura – la stessa che abbiamo nel momento in cui veniamo al mondo. Motivo per cui, ancora una volta, i tatuaggi veicolano un forte messaggio di speranza e di redenzione.

In ogni caso, la storia recente degli Ainu non è esente da complicazioni. Siamo indicativamente nel 1800 quando, durante il periodo della <u>Restaurazione sotto il Governo Meiji</u> di cui ti ho già parlato nei primi capitoli del libro che stringi tra le mani, gli equilibri intrinseci dell'isola settentrionale cambiano bruscamente. Il Giappone viene coinvolto in un rapido processo di colonizzazione: il periodo di transizione sotto il governo dei Paesi Occidentali spingerà tantissime famiglie a trasferirsi nelle aree incolte del Nord, lì dove si credeva di trovare soltanto campi brulli e incolti. Abbandonando le isole più popolose dell'Arcipelago, i giapponesi vengono a conoscenza delle usanze Ainu. Queste ultime sono immediatamente considerate primitive e poco raffinate rispetto alla produzione scritta del Buddhismo e dello Shintoismo tradizionali.

L'aspetto che mi preme sottolineare è che l'apparente apertura mentale della religione nipponica si scontrò contro il primo, grande ostacolo della Storia: per la tribù indigena iniziò un lungo periodo di violenza e discriminazione sistematica, la quale inasprì i rapporti tra le genti. Dopo essere stati allontanati dai territori che avevano abitato per interi secoli, senza mai aver dimostrato il benché minimo interesse nei confronti della cultura giapponese o cinese, gli Ainu vennero spinti in direzione delle regioni centrali. Lì vennero schedati e registrati come «ex-Ainu». Ma è nel 1899 che la promulgazione dell'Hokkaido Former Aborigines Protection Act nasconde intenti di gran lunga peggiori. Le nuove generazioni assistono alla confisca dei territori un tempo appartenuti agli antenati. Non soltanto viene impedito loro di pescare salmone o di cacciare nelle foreste pubbliche dell'isola; gli Ainu sono anche costretti ad adottare nomi e cognomi giapponesi al fine di favorire la registrazione dei clan negli appositi schedari razziali. Le testimonianze in questione ci vengono fornite da *Kunihiko Yoshida*, professoressa di legge alla *University of Hokkaido*[4].

In uno scenario di questo tipo, la tradizione autoctona e primitiva della tribù settentrionale è destinata a essere soffocata sotto il peso del culto shintoista tradizionale. Da un lato, infatti, gli «ex-Ainu» saranno costretti a rinunciare alle tradizioni che li definivano in quanto membri di una grande famiglia – i tatuaggi, *in primis* – ma dovranno anche fare i conti con ristrettezze economiche e sistemi professionali fino ad allora sconosciuti. La cerimonia purificatrice degli orsi verrà considerata barbarica, così come tantissime danze propiziatorie compiute dagli uomini e dalle donne dei clan in specifici momenti dell'anno.

Non mancarono ricercatori e avventurieri che, nel corso degli anni '30, si misero alla ricerca di manufatti preziosi, saccheggiando e profanando le tombe «aperte» degli Ainu defunti. Sotto il nome di una «presunta scienza orientale», vennero inoltre collezionate ossa e DNA Ainu al fine di studiare le peculiarità di un popolo così «animalesco, barbaro». In realtà, è sufficiente apprezzare con sincero interesse l'insieme delle tradizioni locali per scoprire che la loro visione del mondo è estremamente raffinata. Il rispetto della Natura in ogni sua forma e

---

[4] Trovi maggiori informazioni a questo link:
https://www.bbc.com/travel/article/20200519-japans-forgotten-indigenous-people

manifestazione è sempre correlato al concetto di purificazione: il corpo è paragonato a un macigno che impedisce alla componente spirituale di raggiungere una dimensione superiore, una felicità eterna e sovrannaturale.

E sei ti stai chiedendo quale sia il destino odierno dei discendenti Ainu, sappi che i progressi sono stati pochi (pochissimi): in molti nascondono le proprie origini per timore di essere giudicati, nonché esclusi dalle principali attività sociali dell'isola di Hokkaido. Lo stile di vita nipponico – dedito alla produttività e al capitalismo sfrenato come la stragrande maggioranza dei Paesi globalizzati, - è infatti incompatibile col lifestyle lento e cadenzato di chi conduce la propria esistenza in accordo alle tempistiche delle natura. Secondo un censimento datato 2017, sono circa 13mila le persone Ainu attualmente sull'isola. Ma come ricorda Mai Ishihara, antropologa della University of Hokkaido: *"Ci sono ancora molte persone che tengono segreta la loro identità Ainu ai loro bambini"*. Una realtà che la studiosa conosce alla perfezione, dal momento che la nonna materna le rivelò soltanto all'età di 12 anni di avere discendenze Ainu – con sommo disappunto della famiglia.

Altrettanto interessanti solo le dichiarazioni del direttore esecutivo dell'Ainu Association of Hokkaido: *"I grandi problemi sono la povertà e l'istruzione. Non puoi andare al liceo se sei povero e non hai di che vivere, anche se fai gli esami. Ho visto molti bambini che hanno dovuto rinunciare agli studi per la povertà, anche se andavano bene"*.

Negli ultimi anni, infine:

> "il Giappone ha adottato la Dichiarazione delle Nazioni Unite sui Diritti dei Popoli Indigeni, finalmente iniziando a considerare nuove politiche indirizzate alla popolazione Ainu. Dieci anni dopo, Tokyo ha attuato una legge che riconosce la popolazione Ainu come "**indigena**" e quest'anno – con qualche ritardo dovuto alla pandemia da Covid-19 – ha inaugurato un museo nazionale.
>
> «L'obiettivo di questa legge è di creare una società in cui le persone che si identificano come Ainu possano essere fiere delle loro origini senza temere conseguenze o **discriminazione**» ha detto Kenichi Ochiai,

professore associato di diritto costituzionale al Center for Ainu and Indigenous Studies all'Università di Hokkaidō[5]".

Il mio invito è quello di restituire dignità a una tradizione che, seppur diversa da quella della mitologia nipponica classica, ha molto da insegnarci. In mancanza di luoghi di culto, gli Ainu erano soliti trasformare ogni dimora, ogni angolo di foresta e ogni ruscello in un tempio. Le preghiere avvenivano mediante l'utilizzo di *inau e ikubashui*; i primi erano bastoni per cerimonie lunghi dai 45 centimetri ai 2 metri e mezzo circa, che venivano lavorati dagli uomini mediante appositi strumenti artigianali. Dopo aver scelto i rami di salice o i germogli più adatti allo scopo, si passava a intagliargli con dovizia di particolari al fine di creare una connessione tangibile con le manifestazioni della Natura. I secondi, invece, erano bastoni di legno d'acero quercia o ontano – alberi estremamente popolari nella macchia isolana di Hokkaido – che permettevano ai membri della comunità di chiamare a raccolta le divinità della Natura e a donare loro qualche goccia di sakè. Inutile dire che ogni giovane era seguito dai sacerdoti e dai tutori più anziani affinché apprendesse come creare *inau e ikubashui* che suscitassero l'invidia degli altri clan. Si riteneva, infatti, che migliore fosse stata la realizzazione pratica del bastone cerimoniale, maggiori sarebbero state le chance di tenere lontani gli spiriti maligni dalla propria casa d'origine.

Per approfondire il magico mondo degli Ainu, ti suggerisco di recuperare la lettura delle fonti seguenti:

- "*Ainu. Antenati spiriti e orsi.* Fotografie di Fosco Maraini. Hokkaido di Francesco P. Campione, Josef Kreiner, M. Gloria Roselli, a cura di Günther Giovannoni. Edizioni Museomontagna 2012 Cahier 178
- Godefroy, N. (2021), *The road from Ainu barbarian to Japanese primitive: A brief summary of Japanese-Ainu relations in a historical perspective*, Proceedings from the 3rd Consortium for Asian and African Studies (CAAS) "Making a difference: representing/constructing the other in Asian/African Media, Cinema and languages", 16-18 February 2012, published by OFIAS at the Tokyo University of Foreign Studies, p.201-212

---

[5] *Tratto da un articolo pubblicato su Eco Internazionale nel settembre 2020, a cura di Maddalena Tomassini.*

- Hossain, K., Petrétei, A. (2016). *Understanding the Many Faces of Human Security: Perspectives of Northern Indigenous Peoples.* Brill – Nijhoff; 1st edition, p. 106".

Conclusioni e considerazioni finali sulle prospettive future della mitologia giapponese

Mio caro lettore, il nostro viaggio alla scoperta della mitologia nipponica è giunto al termine. Mi auguro che la mia narrazione delle vicende e dei protagonisti mitologici ti abbia incuriosito, informato o più semplicemente strappato un sorriso. Al giorno d'oggi, spettatori come siamo di un mondo in rapida trasformazione, corriamo il rischio di dimenticare che le discipline «umanistiche» classiche del calibro dell'antropologia, della mitologia e della letteratura antica sono ancora pregne di segreti e misteri di svelare. Il libro che stringi tra le mani non ha intenzione di esaurire il ricco materiale correlato alla storia e alla religione del Giappone. L'invito è quello di continuare la lettura di altri testi, articoli e reportage a tema al fine di immergerti nelle profondità degli argomenti che ti hanno incuriosito di più.

Non soltanto lo Shintoismo veicola, infatti, una visione del mondo diametralmente opposta rispetto a quella occidentale, ma anche il Buddhismo e le tradizioni originarie delle tribù indigene del Giappone possono esercitare un fascino innegabile su noi contemporanei.

Il motivo? Le vicissitudini dei Kami non sono poi così diverse da quelle che ci coinvolgono in prima persona, giorno dopo giorno. Certo, non veniamo rincorsi da ottanta fratelli in cerca di vendetta né spiamo il nostro partner nel momento in cui è intento a trasformarsi in un coccodrillo mutante. Non ci battiamo valorosamente per sconfiggere un drago a otto teste, né scendiamo nelle profondità degli Inferi per incontrare chissà quale parente perduto da tempo. In ogni caso, dal momento che la mitologia è un *prodotto umano*, non possiamo negare che le emozioni improvvise e lancinanti che spingono all'azione i protagonisti nipponici non siano le stesse che proviamo sulla nostra pelle quando affrontiamo un lutto, ci innamoriamo, litighiamo o ci sentiamo abbandonati a noi stessi.

Ed è proprio per questo motivo che la mitologia giapponese continua a rivestire un ruolo di primaria importanza nelle produzioni artistiche a noi contemporanee; film e serie TV, documentari e manga sono intrisi di eroi, mostri e creature che puoi facilmente reperire nel glossario del Capitolo 8. Cambiano gli scenari, cambiano i tempi, cambiano le abitudini e anche i nostri modi di manifestare sentimenti primitivi, istintuali. Ciò che non cambia è la curiosità con la quale raccontiamo e udiamo storie con la S maiuscola, storie che hanno la facoltà di immergerci in una realtà diversa da quella che viviamo nella routine quotidiana.

Per dirlo con le parole di William Somerset Maugham: *"La tendenza al mito è innata nella razza umana. È la protesta romantica contro la banalità della vita quotidiana"*.

Nota dell'autore

Grazie mille par aver letto questo libro! Come avrai capito, attraverso questo manoscritto e gli altri della serie "Easy History", sto provando a rendere semplici e accessibili a tutti argomenti normalmente affrontati da lunghi e complicati testi accademici.

Il mio obiettivo da scrittore freelancer è quello di contribuire alla divulgazione di fatti storici nel modo più neutrale possibile (cosa molto difficile da fare, a causa delle influenze a cui tutti noi siamo soggetti) e in un modo che possa davvero arrivare a tutti, per permettere ai lettori (di ogni età, genere o cultura) di farsi una propria idea su cosa è successo nella storia e cosa ci è stato tramandato dai miti e dalle leggende.

Un tipo di informazione indipendente, semplice e neutrale rappresenta, secondo me, una potentissima arma contro l'ignoranza e le strumentalizzazioni che vediamo ai giorni nostri anche nei più importanti media (per non parlare dei social network), e in questo senso non c'è cosa migliore di conoscere il passato per costruire un futuro migliore.

Perché faccio questo? Per passione, niente più e niente meno. Sono sempre stato un lettore quasi ossessionato dai libri di storia e mitologia, e sono sempre stato affascinato da come eventi di centinaia o migliaia di anni fa hanno ancora effetto sulla vita odierna.

Essendo io un autore completamente indipendente, che si occupa in prima persona di tutta la ricerca, la scrittura e la pubblicità dei libri (al contrario di chi è supportato da case editrici o altri enti), ti chiedo un piccolissimo favore:

Se ti è piaciuta la lettura, o se semplicemente ti è stata utile per qualsiasi motivo, ti chiedo gentilmente di lasciare una recensione o una semplice valutazione su Amazon.
Non hai la minima idea di quanto questo possa essere utile per me e per tutti quelli che, come me, fanno tutto da soli!